企业境外档案管理理论与实践

刘向阳 王洋 刘凯 著

中国水利水电出版社
www.waterpub.com.cn
·北京·

内 容 提 要

本书以构建企业境外档案管理体系为主线,探索在企业境外档案工作中落实《企业境外档案管理办法》的具体方案和路径。全书共9章,主要内容包括:境外企业档案法律环境分析;企业境外档案管理体系的构建,企业从档案管理体制、职责、制度、流程、安全、信息化等6个方面开展境外档案工作的思路和做法;以中国电力建设集团股份有限公司为例,提供企业总部、国内投资主体或母公司、境外企业三个层面上的境外档案管理制度范本作为附录。

本书主要供广大企业档案工作者参考,也可作为大专院校教师、学者、研究人员等在教学和研究中的参考用书。

图书在版编目（CIP）数据

企业境外档案管理理论与实践 / 刘向阳,王洋,刘凯著. -- 北京：中国水利水电出版社,2022.12
ISBN 978-7-5226-1189-1

Ⅰ. ①企… Ⅱ. ①刘… ②王… ③刘… Ⅲ. ①企业管理－档案管理－研究－中国 Ⅳ. ①G275.9

中国国家版本馆CIP数据核字(2023)第015459号

书　　名	企业境外档案管理理论与实践 QIYE JINGWAI DANG'AN GUANLI LILUN YU SHIJIAN
作　　者	刘向阳　王洋　刘凯　著
出版发行	中国水利水电出版社 （北京市海淀区玉渊潭南路1号D座　100038） 网址：www.waterpub.com.cn E-mail：sales@mwr.gov.cn 电话：(010) 68545888 (营销中心)
经　　售	北京科水图书销售有限公司 电话：(010) 68545874、63202643 全国各地新华书店和相关出版物销售网点
排　　版	中国水利水电出版社微机排版中心
印　　刷	天津嘉恒印务有限公司
规　　格	170mm×240mm　16开本　10.25印张　178千字
版　　次	2022年12月第1版　2022年12月第1次印刷
印　　数	0001—2000册
定　　价	68.00元

凡购买我社图书，如有缺页、倒页、脱页的，本社营销中心负责调换

版权所有·侵权必究

前言

近年来，随着中国经济转型升级，中国企业"走出去"步伐越发加快，"一带一路"倡议更是为中国企业进一步"走出去"提供了前所未有的契机。中央企业作为我国国民经济发展的重要支柱，是我国实施"走出去"战略、构建人类命运共同体、积极参与"一带一路"建设的骨干力量和主力军，在基础设施建设运营方面，积极参与铁路、港口、公路等重大工程项目建设，实施高水平的运营管理；在通信网络方面，在东北亚、中亚、南亚、东南亚等周边区域建设跨境海底光缆、陆地光缆等大容量高速率通信设施，打造全方位立体结合的通信网络联通体系；在能源资源合作方面，根据"一带一路"沿线国家经济发展需要，在多个国家开展油气合作项目、电力能源项目，参与矿产资源开发的技术交流和共享。

国家高度重视境外国有资产安全，强调要加强对国有企业"走出去"的统筹协调和监管，严防国有企业在境外投资经营中的资产流失。近年来，相关部委陆续出台了关于境外财务、投资、资产监管等方面的规章制度，如商务部《境外投资管理办法》、发展改革委《境外投资项目核准和备案管理办法》、财政部《国有企业境外投资财务管理办法》等。为进一步加强和规范中央企业境外投资行为，维护国有资产安全，实现境外国有资产保值增值，国资委相继出台了《中央企业境外国有资产监督管理暂行办法》《中央企业境外国有产权管理暂行办法》《中央企业境外投资监督管理办法》等制度文件，加强对中央企业境外国有资产的监管。

境外企业顾名思义就是国内投资主体和母公司在中华人民共和国

境外设立的企业。与国内相比，境外企业在开展业务时面临的政治环境、法律环境、经济环境、技术环境、文化环境等更加复杂，经营管理对档案具有更强的依赖性。比如，西方国家对企业有更多的合规性检查，这些检查在非母语的环境下，更加需要以书面证据来证明。因此，境外档案作为我国企业境外资产的重要组成部分，与国内的档案一样，是服务企业生产经营的信息资源，是资产审计、合规管理的重要依据，更是解决国际经济纠纷的法律凭证。在国际法律诉讼、维护企业合法权益中，境外档案往往发挥着重要的关键性作用。

为指导企业境外档案工作，国家档案局作出顶层设计，于2018年出台了《企业境外档案管理办法》，从完善企业境外档案工作机制、明确管理职责、规范境外文件材料形成和档案管理等方面提出了要求，对加强企业境外档案工作具有积极的促进作用。但此办法只对企业境外档案工作做出宏观的、原则性的规定，由于境外企业所处国家不同，政治、经济、人文、法律等环境各异，企业境外档案工作如何具体落实还需要进一步研究和探索。

本书以构建企业境外档案管理体系为主线，结合境外企业档案管理外部环境，从管理体制、职责、制度、流程、安全、信息化等方面探索《企业境外档案管理办法》在企业境外档案工作中落实的具体方案和路径，以期在推动企业境外档案工作提升中发挥一定作用。

全书共分为9章。第1章介绍境外企业档案法律环境，分析对档案工作的影响、存在的问题等；第2~7章为企业境外档案管理体系构建的主要内容，从档案管理体制、职责、制度、流程、安全、信息化等6个方面系统介绍企业开展境外档案工作的思路和做法；第8章对影响较大的各大洲国家或地区的企业档案管理情况进行阐述，挖掘和提炼各自特点；第9章提供了案例，以国内投资主体的角度示例了境外档案管理体系的建立方法；最后是附录，以中国电力建设集团有限公司为例，在企业总部、国内投资主体或母公司、境外企业三个层面上提供境外档案管理制度范本，供读者参照和查阅。

企业境外档案管理由于其遥远且特殊的客观环境，国内档案工作者对其研究往往"鞭长莫及"。不断变化的外部因素将使企业境外档案工作长期处于探索和发展过程中。作者将致力于跟随我国档案事业发展和档案工作实践的需要，开展更为深入的学术研究和实践探索，及时修订本书内容，使之日益完善。

本书在撰写过程中，国家档案局经济科技档案业务指导司李忱司长、蔡盈芳副司长给予了悉心指导和帮助，中国人民大学徐拥军教授给予了建议，中国石油天然气集团有限公司、中国交通建设股份有限公司、招商局集团有限公司、华润（集团）有限公司、南光（集团）有限公司、华为技术有限公司、中国石化地质资料中心、中国华能集团巴基斯坦公司等兄弟单位提供了部分案例，并得到了中国电力建设集团有限公司各级领导、同事和集团所属企业档案同仁们的大力支持。在此，向所有支持本书撰写工作的领导、专家、同事、朋友们表示衷心的感谢和敬意！此外，还要感谢中国水利水电出版社教育出版分社韩月平社长为本书的出版付出辛勤劳动！撰写过程中参考并借鉴了大量相关文献，在此一并表示感谢！

本书的出版并非作者对企业境外档案管理研究工作的结束，而是一个全新的开始。由于作者水平有限，加之时间仓促，书中错漏之处在所难免，敬请专家、学者、同行和广大读者批评指正。

作者

2022 年 11 月

目录

前言

第 1 章 境外企业档案法律环境 ················· 1
   1.1 境外法律环境对档案工作的影响 ············· 1
   1.2 境外企业对档案法律环境的梳理 ············· 2
   1.3 境外企业对法律环境的遵从与管理 ············ 4

第 2 章 企业境外档案管理体制建设 ··············· 6
   2.1 当前境外档案管理体制类型及特点 ············ 7
   2.2 境外档案管理体制适用性及比较 ············· 12
   2.3 各类型境外档案管理体制的建设策略 ··········· 13

第 3 章 境外企业档案管理 ··················· 16
   3.1 不同体制下的境外企业档案管理职责 ··········· 16
   3.2 境外企业档案管理职责划分 ··············· 20

第 4 章 企业境外档案管理制度体系建设 ············· 23
   4.1 境外档案管理制度体系建设原则 ············· 23
   4.2 境外档案管理制度体系的构成 ·············· 24
   4.3 案例 ···························· 25

第 5 章 企业境外档案管理流程设计 ··············· 27
   5.1 境外档案实体特点 ···················· 27
   5.2 境外档案实体管理流程设计 ··············· 30

第 6 章 企业境外档案安全管理 ················· 36
   6.1 境外档案安全风险分析 ················· 36
   6.2 境外档案安全保管措施 ················· 37
   6.3 境外档案安全应急管理 ················· 40

  6.4 境外企业档案处置管理 ·· 41

第 7 章 企业境外档案信息化建设 ·· 44
  7.1 电子文件归档 ·· 44
  7.2 电子档案管理 ·· 45
  7.3 元数据管理 ·· 46
  7.4 传统载体档案数字化 ·· 46
  7.5 系统功能 ·· 48
  7.6 系统建设步骤 ·· 48

第 8 章 重点国家和地区企业档案管理 ······································ 51
  8.1 欧洲企业档案管理 ·· 51
  8.2 美洲企业档案管理 ·· 61
  8.3 亚洲企业档案管理 ·· 63
  8.4 大洋洲企业档案管理 ·· 66
  8.5 非洲企业档案管理 ·· 67

第 9 章 案例 ·· 68

附录 A 企业境外档案管理办法 ·· 79

附录 B 企业境外档案管理指南（初稿） ···································· 84

附录 C 制度范本 ·· 108
  C.1 中国电力建设集团（股份）有限公司境外档案管理暂行办法 ········ 108
  C.2 中国电建集团海外投资有限公司境外档案管理办法 ················ 114
  C.3 电建海投公司所属境外企业档案管理办法 ························ 119
  C.4 电建海投公司所属境外企业文件归档管理办法 ···················· 123
  C.5 电建海投公司所属境外企业档案整理规范 ························ 136
  C.6 电建海投公司所属境外企业档案保管保密管理办法 ················ 139
  C.7 电建海投公司所属境外企业档案利用管理办法 ···················· 143
  C.8 电建海投公司所属境外企业公司档案处置办法 ···················· 146
  C.9 电建海投公司所属境外企业档案工作突发事件应急预案 ············ 150

参考文献 ·· 155

第 1 章 境外企业档案法律环境

我国企业"走出去"在境外市场做优做强，需要依靠法律、使用法律、发挥法律的基础性作用，为企业经营行稳致远保驾护航。境外企业所在国家或地区档案相关的法律法规是企业走进目标市场后的档案工作的行动指南，企业内部关于档案的各项约定必须遵守所在国家或地区的档案法律法规和监管规定，且不能逾越法律界限。受相关法律法规限制，境外企业档案工作必须遵从不同于国内的法律规定，从而导致了境外企业档案管理的复杂性。因此，加强境外企业档案法律环境研究，对于做好境外档案工作具有极其重要的作用。

1.1 境外法律环境对档案工作的影响

按照"所在国优先"的境外企业档案管理原则，即境外档案管理要在遵从所在国家或地区档案法律法规的基础上，遵从我国档案法律规定。因此，所在国家或地区档案法律法规对境外档案工作产生更为重要的影响，主要体现在以下几个方面。

1.1.1 影响文件归档范围及保管期限

境外企业在制定文件材料归档范围和档案保管期限表时需要满足所在国或地区档案法或专业法律中的有关规定。如为满足英国相关规定，与企业税务有关的档案材料至少要保存 6 年以上，以备税务部门检查。中国香港《公司条例》121 条账簿的备存规定"本条所规定公司备存的任何账簿，须由公司保存 7 年，由账簿最后所作的记项或最后记录的事项有关的财政年度终结时起计"。《老挝人民民主共和国税法》规定税务检查的内容涉及纳税人的财务报表、会计账册、日记账、总账，盘点纳税人实际资产、存货，并检查相应的银行凭证、资产凭证等。孟加拉国《公司法（1994 年）》及其他相关法律规定，公司在任何情况下都应提供以下文件：孟加拉国股份公司注册处（RJSC）证明的公司组织大纲（MOA）及公司章程（AOA）、公司注册证、表明外资股东已缴资本（如有）汇款的兑现证明、向孟加拉国银行发出的国外汇款（如有）股票发行通知、将其他国外汇款兑换为股本的文件（如有）、贸易许可证、纳税识别码、增值税登记、商会会员资格、年度股东名册及年度总结、进出口管制中心出具的进口登记许可证/出口登记证/工业登记证等，以便在该国开展业务。

1.1.2 影响档案的保存

部分国家或地区对档案的保存在相关法律中进行了规定。如印度尼西亚《公司文件法》规定"可将公司文件转换为微缩胶卷或者其他媒介形式，如转换前的文件为具备证明效力和特定法定权益的原件，则公司领导者应有义务保留上述原件"。中国香港地区的法律对有装订痕迹的证据材料不承认其法律效力；同时要求成立一家香港公司的注册地址必须是香港地址，且下列文件必须存放在公司的注册地址：债券证持有人登记册、股东名册、董事和公司秘书名册、押记登记册、所有股东会议及董事会议记录等。

1.1.3 影响档案的流向和处置

不同国家或地区对档案的流向和处置有不同的规定。如柬埔寨《档案法》规定"公共企业或负责服务公众的私人场所、私人企业选择、销毁、收集内部档案必须按照内阁办公厅大臣的指导执行""自然人或法人还在柬埔寨王国境内活动时，如果拥有具有历史或国家遗产价值的资料，必须向柬埔寨国家档案馆提供一份"。泰国《国家档案法》规定"当档案主管部门认为任何个体所有的或者拥有的个人文件可能具备归档价值时，在不破坏文件完整性情况下，档案主管部门就该类文件的价值展开审查与评估时，应将法律上的个人信息保护要求考虑在内。""对于个人文件的所有者或者拥有该类文件的个体未交付相应文件以便于在泰国国家档案馆保管、保存的，档案主管部门应按照设定的标准和方法进行复制、记录该类文件"。俄罗斯《俄罗斯联邦档案事业法》规定"私人所有的档案文件可以出境，申请出境的档案文件必须根据联邦政府的规定进行文件价值鉴定。"

1.2 境外企业对档案法律环境的梳理

在任何一个国家或地区开展业务工作，首先要全面了解该国家或地区相关的法律规定，这是开展境外业务的第一步，境外档案管理业务也不例外。在了解我国境外档案管理法规的基础上，境外企业应按照以下范围，全面收集和梳理所在国档案法律环境。

一是全面收集所在国与档案工作相关的法律规定，包括管理体制、监管体系、档案管理要求等。重点收集文件（档案）有效性、归档范围和保管期限、整理要求、档案移交、出境、销毁、隐私保护等规定。

二是收集所在国与企业经营相关的法律规定中，包含"记录""文件""信息""数据""档案"等内容的条款。主要分布在企业设立、破产，会计、审计、税务，反垄断和不公平竞争，土地和重新安置、环境要求与保护，知识产权、隐私保护，劳务、合同、健康与安全，进出口限制和海关程序，企业社会责任、保险、争端解决、认证、公证与合法化等相关法律的条款中。

三是收集所在国与其他国家或组织签订协议或条约中涉及档案工作的规定。

境外企业档案部门要加强与法务部门的合作，对所在国家或地区档案法规、专业法律进行收集和梳理，提取与档案管理相关的规定和强制要求并汇总分析。收集和梳理路径主要包括以下几种：

一是通过中国商务部网站、驻所在国使领馆网站、中国一带一路网等官方网站，查询相关国家或地区投资合作指南、法律政策等。

二是通过所在国公共网站、驻我国使领馆网站、商务部网站、立法与司法机构网站、档案主管部门以及其他政府行业主管部门网站，查询相关规定。

三是通过业务部门收集所在国涉及企业档案管理的法律条款。档案部门可制作法律条款收集表发放至业务部门，收集内容包括部门名称、业务处理遵循的法律及其中涉及档案管理的相关条款等。

四是通过律师事务所聘请具有一定资质和执业经历的律师，系统梳理所在国法律规定中涉及文件、记录、档案等内容的条款，由律师事务所出具企业档案管理事项相关法律意见书，全面识别法律风险。

五是咨询所在国政府机构、我国使领馆、合作伙伴等。如咨询所在国政府设置的投资主管部门、中资企业商会或联合会、中资企业等。

以梳理波兰法律中涉及文件、档案相关规定为例，其《经济活动自由法》规定注册代表处或分公司时，必须根据会计规定用波兰文单独记账，董事会成员签字样本需经波兰公证处公证。《商业公司法》《国家法院注册法》规定注册公司所需签名文件必须由企业负责人亲自签署，中国国内常用的个人签名印章在波兰常被视为无效签章。建筑相关法律规定:施工日志应经现场经理签字确认。这些分散在各专业法律中的条款都直接影响了企业文件的有效性,从而影响到归档后所形成档案的凭证作用。

1.3　境外企业对法律环境的遵从与管理

境外企业对法律环境的遵从与管理主要表现在以下三个方面。

1.3.1　基于法律环境的制度建设

近年来,境外企业所处环境不确定性因素骤增,投资风险加大,有些投资目的国在特定时期政治、经济形势较复杂,加之西方国家、国际多边组织法律合规等监管举措频频加码,对在境外经营的中资企业内控、风险、合规管理都提出了较高要求。档案作为原始凭证,是法律诉讼、争议处理、权属确认、责任区分等活动的重要凭据,可以有效减少国际纠纷,维护企业声誉和合法权益。因此,建立充分适应法律环境的企业内部档案管理制度。

为保证档案管理在境外的合法有效,需要对梳理出的所在国或地区的档案法律法规要求进行识别和评估。在法律遵从上,企业境外档案管理应坚持所在国优先原则,即如所在国法律法规与我国法律规定一致,则贯彻落实双方法律规定。如二者存在冲突,则应分析冲突是否可协调。若双方法律规定存在一般冲突,遵从所在国法律规定;若双方法律规定存在重大冲突,以遵从所在国法律规定为原则,通过法律、外交、技术等手段维护企业权益。企业通过制定符合所在国法律法规及监管规定的档案管理制度并严格遵守,以规避风险。

首先,档案管理制度应全面反映所在国家或地区法律要求的各项要素。如有的国家规定企业需承担为属地雇员提供技能培训的法定义务,企业则必须提取一定数量基金用以雇员培训,并制订计划安排向属地雇员提供技能培训。这就要求境外企业须关注属地员工培训方面的档案管理,将相关规定列入档案管理制度。

其次,档案管理制度应全面符合所在国家或地区档案法律规定。如档案鉴定方面,有的国家规定与企业税务有关的档案至少要保存 6 年以上;档案整理方面,有的地区不承认有装订痕迹证据材料的法律效力;档案保管方面,有的国家规定企业形成的会计档案必须交由当地律师楼保管;档案处置方面,有的国家规定不允许将地质档案带出国境等。境外企业在制定档案管理制度时，制度条款必须与这些法律规定相统一。

1.3.2 基于法律环境的业务流程设计

境外企业在充分遵从所在国家或地区法律规定、建立符合有关要求的档案管理制度的基础上，还需对文件的编制、收集、整理、归档、保管、利用、处置的全生命周期业务流程进行设计，以清晰有效合法地指导境外档案管理工作，进一步满足法律要求。如有些国家或地区不允许将地质档案材料带出国境，企业应按照规定将地质档案保存于所在国家或地区，业务流程设计中应不体现档案运回国内环节；企业对超过保管期限财务档案的处置由企业自己决定的，企业应自行组织对这部分档案进行处置；有的国家或地区规定企业形成的财会文件材料须交由当地律师事务所保管，企业应设计好保管和移交程序；有些国家或地区规定，对有装订痕迹的证据材料是不承认其法律效力，企业在整理环节中应注意对这部分证据材料不可进行装订。此外，境外企业除应将所在国家或地区法律有关档案管理规定纳入业务流程一并考虑和设计的同时，在业务流程的有关节点应明确文件、记录的形成、收集、归档要求等，确保其合规性。

1.3.3 对法律环境进行动态跟踪

任何法律法规都会发生修订、新增、废止等情况，使法律环境一直处于不断地变化之中，进而对企业法律风险的动态管理提出了较高的要求。境外企业档案部门需要联合法律部门或法律顾问至少每年对所在国法律法规进行一次有效性梳理，对涉及档案管理相关的要求的变化情况进行识别和评估。根据评估结果，境外企业应及时修订档案管理制度并发布实施。

第 2 章　企业境外档案管理体制建设

所谓"体制"是政治学领域的一个术语，一般是指有隶属关系的管理机构及其权利划分、管理规范等方面的体系和制度的总称。在档案管理体制的概念界定上，马素萍[1]最早试图对国有企业档案管理体制进行界定，她认为："国有企业（以下简称企业）档案管理体制主要是指企业档案管理的组织制度与形式。企业档案管理体制可以划分为两大方面，即外部管理体制和内部管理体制。前者包括专业主管机关和档案事业管理机关对企业档案工作的领导与指导关系；后者包括企业内部档案工作的领导与隶属关系及企业档案的管理形式。"宗培岭[2]对企业档案管理体制的界定侧重于组织机构，主要立足于实操层面，对集团型企业档案管理体制的定义具有一定的参考性。他认为："现代企业档案工作微观管理体制的研究对象主要指大型企业集团内部档案工作机构的设置与权限的划分，以及其运行机制的总称。企业集团档案工作管理体制主要包括档案管理层次的分布、各个管理层次之间权限的划分和管理机构的设立。"张斌[3]对企业档案管理体制的概念界定较为具体化，他认为："企业档案管理体制主要指企业档案管理的职能分配、组织体系、运行机制与管理形式。"

基于上述研究，企业档案管理体制可理解为档案工作所涉及的部门及人员、各部门的职责、各层级各部门间的关系、所使用的业务监督指导的渠道及方法、档案资源流向等。对于境外档案管理体制而言，主要指企业集团总部、所属国内投资主体或母公司、境外企业或项目等的档案管理机构职责分工，运行机制，以及档案部门与境外业务部门管理机构的关系等。

关于境外档案管理体制，现有的研究大多针对某一类型的体制，或者是对体制中某一个方面，如徐拥军[4]在《国有企业境外档案监管体系研究》中对国有企业境外档案监管体系进行了系统研究，但境外档案管理体制不仅仅涉及监管机制，还涉及业务指导、资源流向等方面。对我国境外档案管理体制进行系统梳理，总结出境外档案管理体制建设的规律，尤其是对境外档案管理体制建设策略提出思路,供企业开展境外档案工作时参考借鉴,对于加强我国企业境外档案工作,提高境外档案管理水平,维护境外企业的权益和安全,从而助力我国企业"走出去"具有重要意义。

2.1 当前境外档案管理体制类型及特点

2.1.1 管理体制类型

通过问卷调研及访谈,综合从管理层级、管控主体、管控主体位置、管理政策统一性、有无分中心等5方面要素,将我国境外档案管理体制归纳为总部管控型、分中心型、股权驱动型、自主管控型4种,各型体制分析如下。

2.1.1.1 总部管控型

总部管控型是档案管理职能和权力高度集中的一种模式。总部在境外档案或者全部档案的管理工作中,通过设立专门的管控部门、管控制度、管控流程对所属企业的档案工作进行监管。例如,某IT公司聚焦通信基础设施领域,国际业务范围包括:无线接入、固定接入、核心网、传送网、数据通信、能源与基础设施、业务与软件、安全存储、终端等。该公司境外经营管理层级由总部、区域代表处、境外企业三级组成。公司境外档案工作归口总裁办公室,总裁办公室负责制定统一的档案工作政策,通过境外区域代表处对境外公司的档案工作进行监督指导。区域代表处负责本区域境外档案工作的开展与落实。管理层级具体见图2.1。

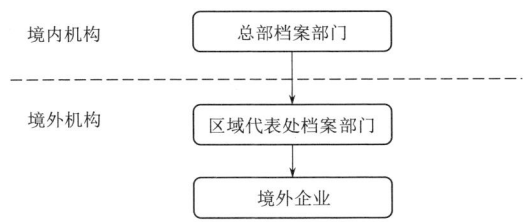

图 2.1 某 IT 公司境外档案管理层级示意图

该企业所采取的总部管控型体制建立在严格保护境外档案资产、应对安全审查和合规监管的全球市场环境下。境外档案在应对法律、政治、经济等风险中,通过集中统一的管控体制,由计算机信息系统提供统一、可靠的管理平台,共同推动并实现总部对境外档案的强管控状态。境外档案通过这个统一管控的机制,使公司在面对不确定的境外业务风险时,无论是对总部还是对境外企业都形成较为高效的支撑能力。

2.1.1.2 分中心型

分中心型是充分发挥企业资源中台力量的一种"节能"管理模式。在境外档案管理工作中,主要通过在区域内建设稳定的档案工作协调机构,作为固定的中间节点,统一协调区域内各企业档案工作与相关资源。例如,某建设集团主要从事公路、水运、铁路、机场等交通基础设施投资、设计和建设业务。境外业务专业性强,区域集中。境外业务采用两级体制,境内设有归口负责境外业务的投资主体或母公司,对境外企业进行管控。档案工作方面,集团总部档案部门负责管理全集团档案工作,对所属子企业即国内投资主体或母公司档案工作实施监督与指导。国内投资主体或母公司开展境外投资、设计和建设业务,设立境外企业并对其档案工作进行监督。集团总部在境外按区域设立档案中心(如东非区域档案中心),负责该区域档案实体的集中管理。区域档案中心受总部档案部门委托,对区域内企业档案工作进行监督指导。区域档案中心以境外区域机构为依托,行政上接受境外区域机构、总部海外业务管理部门的领导,业务上对区域内企业档案进行管理并受总部委托,代行总部档案部门对区域内企业档案工作的培训、指导、监督、检查等职能。管理层级见图2.2。

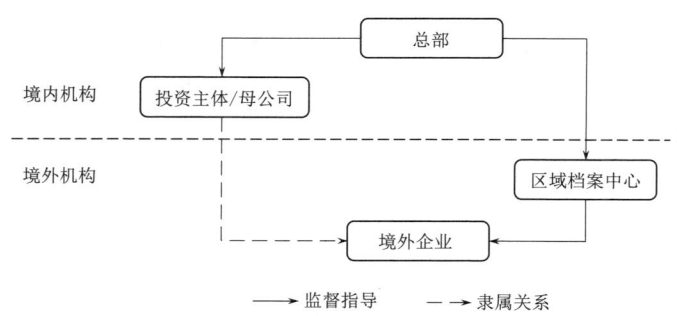

图 2.2 某建设集团境外档案管理层级示意图

分中心型体制最明显的特征就是建立境外区域档案中心。这一中心的建立有利于区域内企业档案工作的相互协调及前后相继的档案工作衔接与过渡,便于总部通过区域档案中心进一步推进同一区域档案管理的规范化与统一化,进而推动不同区域之间,乃至全球范围内境外档案工作的集约化与统一管理,实现境外档案管理工作的规模效应。在分中心型体制的组织结构基础上,境外档案工作的考核权仍归属总部,以此在结果上加强了总部对境外档案工作的领导

2.1 当前境外档案管理体制类型及特点

指导与监管。在分中心的影响下，这种体制还解决了两大核心问题：一是相对弱化了因境外档案管理人员的频繁变动而带来的业务断层与责任落地问题，降低了国际环境带来的档案管理标准化与连续性影响，有助于境外档案的完整、系统和安全；二是减少了境外建设项目周期性可能带来的项目档案工作交接问题。但该体制加强了区域内不同时间维度项目之间管理的衔接，从区域的视角填补了境外项目可能存在的档案管理责任漏洞。因此分中心型体制的主要优势在于它充分利用了区域集中的特点，来弥补境外档案管理环境的不稳定性，一定程度上解决了境外档案人员的流动问题，通过中间节点的设置，更好地实现境外档案管理资源的优化配置。

2.1.1.3 股权驱动型

股权驱动型是在股权关系较为复杂的情况下采取的一种"应变"管理模式。在境外档案工作中，以股权关系作为履行权利义务的首要条件，国内投资主体或母公司按照股权比例构建适当的境外档案管理策略，视情况对境外档案工作进行监督管理。某能源企业集团总部负责组织开展境外档案工作的业务指导、监督、考核等工作，其所属国际公司作为境外企业的国内投资主体或母公司，在股权范围内负责境外档案工作的归口管理。集团大部分境外企业都有明确对口的档案管理部门或责任人，针对控股的作业型项目，国内投资主体或母公司按照总部要求制定档案管理制度，完善档案管理网络，加强档案实体管理，境外企业具体执行；针对西方大型公司为作业者的参股项目，则沿用作业者的管理体系；针对小股东项目，通过合同约定明确中方档案权益，建立档案获取体系，境外企业档案部门或责任人在一定权利范围内开展档案工作，以保障中方股东权益。管理层级见图2.3。

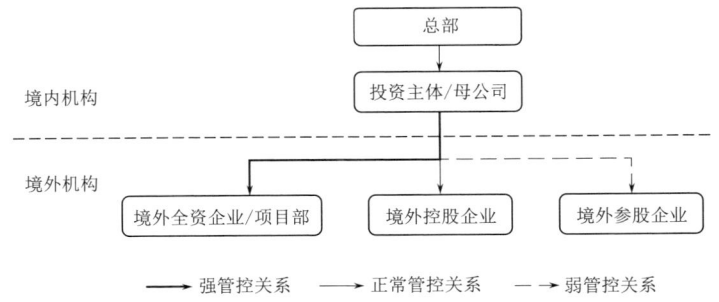

图 2.3 某能源企业集团境外档案管理层级示意图

由于境外联合投资开发项目在资本合作关系上的复杂化，使得这种档案管理体制需要有较强的适应能力，主要表现为国内投资主体或母公司以资产关系为纽带，要分别针对作业者项目、参股项目和小股东项目为争取本企业档案资产最大权益而制定不同的管控策略。在制度约束上，要给予作业者项目较多自主空间。

2.1.1.4 自主管控型

自主管控型是指境外企业在国内投资主体或母公司的指导下自行管理境外档案的一种模式，境外企业通过建立本企业的档案管理机构、制度、流程等开展各项档案工作。例如：某企业是为全球清洁能源、水资源与环境建设提供投融资、设计、施工、装备制造、管理运营等服务的建筑型企业集团。集团档案工作在总部与子企业之间实施总体战略管控的模式下，按照"分级管理"的原则开展。子企业帮助其所属境外企业设立档案部门或安排责任人，归口管理其全部档案工作。处于不同发展阶段的境外企业一般按照国内要求，分步建立本企业档案管理体制、建设档案管理制度体系，开展档案实体收、管、存、用和信息化，以及其他档案工作。子企业作为国内投资主体或母公司除监督指导境外企业日常档案工作外，还结合境外企业设立时间长短、设立规模大小、境外业务的重要程度等，有针对性地设计境外档案工作规范性考评指标，定期开展境外档案考核评价工作。具体见图2.4。

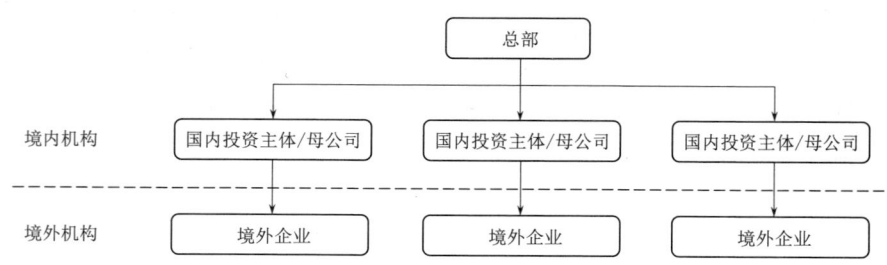

图2.4 某建筑企业集团境外档案管理层级示意图

从境外业务的整体布局上看，由于总部的战略管控和子企业的主营业务类型多元化，国内投资主体或母公司在对境外企业或项目管理比总部更加便利。在这种管控模式下，境外企业在资产与产权关系上从属于国内投资主体或母公司，但在日常经营活动上拥有更多的自主权。境外档案工作可由境外企业自行建立制度、标准、探索适用的方法、技术和系统工具等，也表现出相对较强的自主性和独立性。这种体制赋予了境外企业更大的管理空间，建立的体制、制度等往往更加切合境外档案工作实际。

2.1.2 四种管理体制特点对比

上述境外档案管理体制主要是基于从国内企业总部到境外档案机构之间各层级的集权与分权程度，以及是否设有分中心来界定的，其特点对比见表2.1。

表2.1 四种管理体制特点对比

序号	管理体制	管理层级	管控主体	管控主体位置	管理政策统一性	有无分中心
1	总部管控型	三级	总部	境内	全球高度统一	无
2	分中心型	三级	分中心	境外	各区域统一	有
3	股权驱动型	两级	国内投资主体或母公司	境内	按股权性质统一	无
4	自主管控型	一级	境外企业	境外	境外企业自定	无

总部管控型是典型的三级管控，管控主体在企业总部，总部档案部门对境外档案工作管理力度大，全球采用统一的档案管理政策，境外企业的投资主体/母公司主要在境外。境外企业众多时，总部往往按区域或国别设立代表处，并赋予其代表总部对驻该地区或国别境外企业进行档案业务指导和监督管理的责任。

分中心型也是典型的三级管控，设有区域中心是其明显特征，境外档案工作按区域采用统一的管理政策。这一类型的管理主体在分中心，国内投资主体或母公司和分中心都对境外档案工作进行管理，但分中心因受总部委托而管控力度较大，因此在境外档案管理中起着重要作用。

股权驱动型实质上是两级管控，管控主体是位于境内的投资主体或母公司，境外档案管理按股权性质统一，同一股权性质的境外企业采用基本一致的档案管理政策。在这种体制下，境外控股企业、参股企业、项目合作型企业因股权性质不同而采用不同的档案管理政策。

自主管控型看似境外企业档案工作由其自行管理，但实质上境外企业必须定期接受国内投资主体或母公司的检查与考核，由于考核指标由国内投资主体或母公司设立，境外企业还是要按照其国内投资主体或母公司的要求开展档案工作。只是境外企业档案工作会因分属不同的国内投资主体或母公司而采用不同档案管理政策。

在实际管理过程中，企业境外档案管理体制的建立是一个连续且变化的过程，有些企业境外档案管理体制因处在不同的发展阶段而不同。

第 2 章　企业境外档案管理体制建设

2.2　境外档案管理体制适用性及比较

2.2.1　境外档案管理体制适用性分析

2.2.1.1　总部管控型体制适用性

总部管控型适应于对信息安全、法规遵从和质量管控具有较高要求的业务场景且业务地域分布国家和地区较为广泛的企业。因此，总部管控型一般适用于提供信息与通信技术产品或直接提供此类服务的跨国公司。

2.2.1.2　分中心型体制适用性

分中心型主要适用于大型基建类企业。一般该类型境外企业在地域上分布较为集中，具有较强的区域划分，资源可以灵活集中调用，也可以实现较高的资源利用率。在境外档案管理需求上，区域档案工作有一定规律可循，同一区域内项目建设对档案工作需求较为稳定，档案工作外部环境具有一定可复用性和可共享性。在境外档案信息的共享方面，通过分中心型体制，区域中心作为区域内有价值信息的中转站，可使境外档案作为知识、情报与信息的价值得到更好地挖掘，避免区域内劳动成本的重复与浪费。在境外档案管理效率上，通过区域中心加强对境外项目档案的监管力度与指导，可整体提高区域档案工作的规范性。

2.2.1.3　股权驱动型体制适用性

股权驱动型因具有灵活、多变的特点，可以更好地适应股权关系复杂、管控权限被动、项目类型相对固化的国际合作场景。采用股权驱动型管理体制，可以在管控权限受限的情况下，尽可能提高境外档案工作效率，有效地维护境外档案资源的管理权益。如《企业境外档案管理办法》第五条规定："投资主体或母公司在设立境外单位时应当在公司章程或协议中明确档案归属、流向、使用、移交等事项，确保中方权益。"据此，股权驱动型档案管理体制可以灵活地通过章程或协议明确档案管控权限和利用情况，更妥善地在该场景下保护我国企业的利益。

2.2.1.4　自主管控型体制适用性

自主管控型主要适用集工程及基础设施规划、勘察设计、咨询监理、建设管理、投资运营为一体的综合性建筑企业。此类企业国际合作投资数额大、建设周期长、参与单位多，业务类型也较为复杂，一般多为"一带一路"沿线或经济欠发达国家或地区，档案保管、人力资源、法律环境等方面都较为受限。在该场景下，境外档案工作表现出来的明显特征为档案来源多样，内容广泛，档案运动路径较复杂。境外企业采用自主管控型体制可较好地解决建设单位与参建、运营单位之间的档案交接问题，适应《企业境外档案管理办法》有关要求，使境外档案工作根植于业务全生命周期视角；并且境外企业责权统一可接受考核，能疏通境外档案全流程管理节点，使各单位各自履行境外档案管理职责。

2.2.2 四种境外档案管理体制的适用性比较

通过上述分析可以发现，境外档案管理体制受到企业主营业务、国际资本关系和组织架构等因素的影响，通过适应企业战略目标、境外业务环境、法律环境和其他相关要求而不断发展。4 种体制分别适应了 4 种不同的境外档案管理场景，可为其他企业建立境外档案管理体制提供一定的参考借鉴。具体见表 2.2。

表 2.2　　　　　　　　　　境外档案管理适应场景

序号	管理体制	产品或业务类型	业务区域集中度	业务同质性	股权结构	能力要求
1	总部管控型	IT 产品	低	高	单一	对信息系统、人员要求较高
2	分中心型	交通设施大型基建类企业	高	中	中等	对分中心能力建设要求高
3	股权驱动型	能源开发	中	高	多样	对境外企业的档案管理能力要求高
4	自主管控型	大型建筑工程综合性建筑企业	中	中	中等	对境外企业的档案管理能力要求高

2.3　各类型境外档案管理体制的建设策略

境外档案管理体制需要处理总部、分中心、国内投资主体或母公司与境外企业之间在管理权责、业务沟通和审核监管等方面的关系，建立权责清晰、公开透明的档案管理职权体系，完善总部与分中心、国内投资主体或母公司、境外企业之间的档案业务沟通机制，构建行之有效的境外档案工作监督、检查、指导与考核程序等。因此，建设这个体制需要利用企业组织结构、部门设置或业务分工来相互促进、制衡，形成一套科学、规范、合理、顺畅的内部管理体系。

2.3.1 总部管控型体制建设策略

在总部管控型体制设计中，核心建设要求为"五个一"，即一个组织、一套规则、一套流程、一站式平台和一套运营体系。具体来说，在组织体系上，需要从总部层面加强熟悉各领域业务的档案管理人才队伍建设，从各领域实现档案工作嵌入业务流程的思路，同时建设较为全面、精细的总部档案管理团队，将总部档案管理团队映射到境外企业档案管理团队中，从而将总部档案工作嵌入境外业务，从业务管理需求带动境外档案工作发展。在制度体系上，契合统一的电子档案管理信息系统，设计可落地的信息系统功能清单，从源头上细化对境外档案工作的管控与监督。在监督考核机制上，可将归档情况量化为具体指标嵌入电子档案系统的各个审核点，使整个境外档案管理工作的流程化，进而精细化监督与考核工作。建立境外档案管理业务交流平台，更好地共享境外档案管理的业务经验。同时，也需要自下而上地建立境外档案管理工作定期简报、工作计划等业务信息沟通机制，更好地促进境外基层档案人员向总部档案部门反馈信息。

2.3.2 分中心型体制建设策略

分中心型体制建设在组织体系上，需要充分利用已有组织架构的优势，在区域中心、地区事务部或代表处等区域机构中设置专业的档案管理团队和专职人员，以稳定的区域性档案专业人才为节点，对接相对不稳定的境外项目档案管理团队。在制度体系上，要明确从企业总部到境外企业各层级机构的职责分工，厘清多级企业之间的制度关系和运行保障机制，加强区域档案管理机构对区域内境外档案管理工作制度化、标准化，并利用本区域内境外档案管理经验，不断迭代优化区域档案管理制度体系；同时加强区域档案管理机构与总部在不同区域间、总部与各区域档案管理工作的沟通与对接。在运行机制上，需要建设一个闭环的境外档案监管考核机制，畅通总部与区域性档案机构、区域内境外企业、境外企业所属投资主体或母公司之间的联动闭环的监督考核工作链，制定头尾衔接、过程清晰的考核指标体系，确保各项境外档案管理要求的落地与执行。

2.3.3　股权驱动型体制建设策略

在股权驱动型体制设计过程中，核心问题是总部档案部门面向境外档案机构的定位与角色。在制度体系建立上，要适应不同境外档案管控关系带来的不同管理策略，针对具有较大境外档案管控空间的项目，如控股的作业者项目，应尽可能沿用已有的较完善的档案管理制度；针对管控空间受限的项目，如外国公司作业者项目和小股东项目，则可沿用合作者的档案管理制度，同时通过合同和协议尽力争取中方档案权益。在运作机制上，企业需要适应不同类型境外项目档案管理的现状，将长远和短期的工作计划和预期进行阶段性拆分，制定更为合理、科学和可操作的考核机制。

2.3.4　自主管控型体制建设策略

自主管控型体制设计的重点在境外企业，境外档案工作由境外企业在一定程度上"单打独斗"。因此，应考虑为境外企业配备业务能力较强的档案工作人员，再根据不同投资主体或母公司的档案管理要求，遵循所在国家或地区的法律规定，制定适宜的境外档案管理制度。自主管控型体制下的考核政策也应由国内投资主体或母公司根据不同境外企业或项目的实际情况分别制定。

尽管上述模式有相应的适用条件，但是在具体的管理体制设计过程中，企业还可以依据业务定位的不同而灵活把握。尤其是对于境外业务复杂的企业集团而言，更需要具有多元化的复合管理思维，发扬各个模式的优势，规避不适合本企业实际的劣势，因地制宜地制定适用于本企业的境外档案管理体制。如以控股、参股为主导的运营型境外企业，可将股权驱动型与自主管控模式相结合，更加灵活地开展境外档案管理工作，减少集团境外业务的多元化发展的阻力。以工程建设为主导的项目型境外企业可采取总部管控型与分中心型相结合的策略，对于具有明显地域化特征的境外项目，总部可以将更大的管控权下放到区域中心，甚至可将区域化工作全权委托。对于部分工作条件较差、法律和档案监管环境不完备的境外企业，也可以采用总部管控型提高总部对境外档案业务的管控力度，进一步加强境外档案管理工作。

第 3 章 境外企业档案管理

职责设计是确保境外企业档案管理工作有序开展的重要前提和坚实基础，同时也是境外企业档案管理规范化的重要内容。境外企业通过全方位做好职责设计和管理工作，明确档案管理的责、权、利，可以有效提高境外档案管理效率。境外企业做好档案管理职责设计，需要从境外企业的实际出发，综合考虑内外部两个因素。外部因素主要为企业总部、国内母公司的境外档案管理体制，内部因素主要为境外企业自身的组织架构、职能分工。境外企业应首先根据企业集团总部、所属国内投资主体或母公司的境外档案管理体制和要求，明确本单位的境外档案管理任务和工作目标，然后按照自身的组织架构和职能分工，进行内部的职责划分、职责定义和职责指定，使得境外档案管理得到统一规划和监督管理。

3.1 不同体制下的境外企业档案管理职责

通过对企业境外档案管理体制的分析可以发现，各个集团或公司所采取的境外档案管理体制受到了集团主营业务、国际资本关系和集团企业架构等因素的影响，四类体制都是适应企业总体目标、所处境外业务环境、法律环境和有关要求等不断发展起来的。四类体制分别适应了不同类型的境外企业档案管理场景，在这四类体制下，境外企业所承担的档案管理职责有较为明显的差异。

3.1.1 总部管控型的境外企业档案管理职责

总部管控型体制具有文档工作高度一体化，档案部门深度介入文件管理、档案工作高度流程化以档案部门为中心的优势，可以更好地提高全生命周期境外文档工作的透明度，更好地发挥境外档案在证明业务合规性、规避风险等方面的价值，有利于做好境外档案的监管工作。但是，该模式需要集成各方面的助力，在管理体制上，需要整个公司从上到下构建一个闭环的管理链条。在建立相对结构化的文档内容基础之上，还需要较强的技术力量作为支撑，在现实条件受限的情况下，以上要求很难同时满足。

总部管控型体制主要面向的是业务类型较为专业且集中度较高的跨国公司，尤其是信息与通信技术等行业具有较强的总部管控刚性需求。在境外档案管理需求上，适应于对信息安全、法规遵从和质量管控具有较高要求的业务场景。一般该类型企业其境外业务区域分布较为广泛，主要风险聚焦在须满足欧美等发达国家的合规审查。

总部管控型的管理需要具备一定的条件，譬如，先进的技术支撑和清晰的业务文档管控流程。在该类场景下，各个境外子公司的档案管理规则与制度与总部各领域进行了逐个的对接与映射。在技术平台的支持下，文档管理的全流程在集团总部内部是清晰透明的，总部文档部门与其他业务部门可以通过系统实现境外文档管理工作的同步监管与考核。境外档案管理的全周期过程受到了体制与系统的同步约束，可实现较为高效率、集中化、标准化的管理状态。

总部管控型体制下的境外企业档案管理职责主要有：根据总部档案管理规则和所在国或地区文档管理有关法律，编制本企业档案管理规则；应用总部统一建设和部署的业务和档案系统做好档案的收集、整理、保管、鉴定、统计、利用等工作；按合同或协议向相关方移交档案等。

3.1.2 分中心型的境外企业档案管理职责

分中心型体制的主要特点为可充分利用管理体制的优势，来削弱境外档案管理的不稳定性，同时加强境外档案管理的人员过渡问题。从整体上，通过中间节点来更好地实现境外档案管理资源的优化配置。但是，此体制需要形成严格闭环的监督、管理体系，极大依赖于分中心档案工作人员的责任感与专业能力，如果分中心对整个区域的管理模式调配有所偏差，容易导致整个区域境外档案工作出现方向上的问题。

分中心型体制主要适用于大型基建类国企或者央企（一般在总公司组织架构上也分设相应的区域管理中心）。在境外档案管理需求上，适应于在境外同一区域内项目建设需求较为稳定、且在环境上具有一定可复用性和可共享性的业务场景。一般该类型境外子公司在地域上分布较为集中，各类档案管控资源可以灵活集中调用，也可以实现较高的资源利用效率。

在该类场景下，集团公司的境外项目一般相对较为集中，具有较强的区域性，区域内部的境外档案管理有一定的规律可循。在境外档案信息的共享上，通过分中心型体制，区域档案中心作为区域内部有价值信息的中转站，境外档案作为知识、情报与信息的价值可以得到较大程度的挖掘，避免区域内劳动成本的重复与浪费。在境外档案管理效率上，要适应《企业境外档案管理办法》的要求，通过区域档案中心，可以加强对境外项目档案的监管力度与指导，提高区域内部档案管理工作的规范性。但是，分中心型体制需要解决总部、国内投资主体或母公司与子项目之间在管理权责、业务沟通和审核监管等方面的问题，建立权责清晰、公开透明的职权体系，完善总部与区域档案中心、母公司、子项目之间的业务沟通机制，同时构建行之有效的闭环境外档案考核流程（参见图3.1）。

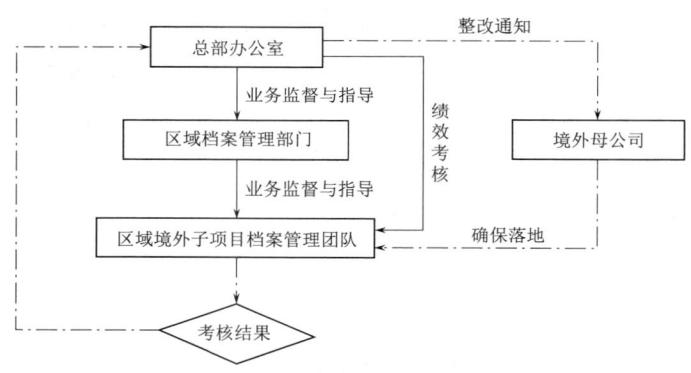

图3.1　分中心型档案管理闭环考核流程

分中心型体制的境外企业档案管理职责主要包括：在分中心指导下，制定档案管理制度，编制企业境外档案工作工作计划，并组织实施；做好档案的收集、整理、保管、鉴定、统计、利用、处置和信息化等工作；按合同或协议向相关方移交档案等。

3.1.3　股权驱动型的境外企业档案管理职责

股权驱动型体制具有灵活性、适应性和应变性的优势，可以更好地适应股权关系复杂的国际合作场景，尽可能地维护国有境外档案资产的管理权益。但是，此类管理体制下，国内企业对档案的管控空间会被不断压缩，档案部门容易被固化为服务性、辅助性的角色，随着资源管控权限的压缩，可能导致企业境外档案价值无法充分发挥。

股权驱动型体制主要面向的是综合性能源类大型国企,在境外档案管理需求上,适应于国际资本关系较为复杂、管控权限较为被动、项目类型相对固化的业务场景。一般该类型境外子公司在地域上集中在北非、中亚、南美和俄罗斯等地区和国家,需要面临较大的政治风险和管理风险,面临较为苛刻的合作条件和复杂多变的政策环境。

在该类场景下,要加强在联合投资项目中中方权益的争取,以确保境外档案管理的完整性。面临着国际资本纽带关系复杂的业务场景,中国企业无论是作为大小股东参与国际开发项目,都会受到国际合作公司的文档策略的影响。在参股项目中,中方在境外的团队偏向精简,在业务上也倾向行政管理,境外档案管理则面临人员数量、管控权限等方面的问题。

在股权驱动型体制设计过程中,总部档案部门可以和后勤、运营等公司服务部门进行合作,在境外档案管理工作面临人力、权限和技术等方面难题时,整合资源加强对境外档案机构的服务工作,将境外档案管理工作面临的压力尽可能先向国内转移。在组织体系上,可以在总部成立档案管理领导小组,总部档案部门负责境外档案管理的总体领导,后勤或者运营等服务部门通过内置相应的档案模块,负责具体实施境外档案管理工作。在此基础上,建立适应不同境外档案管控关系的境外档案管理策略(参见图3.2)。在通过股东行权获得更

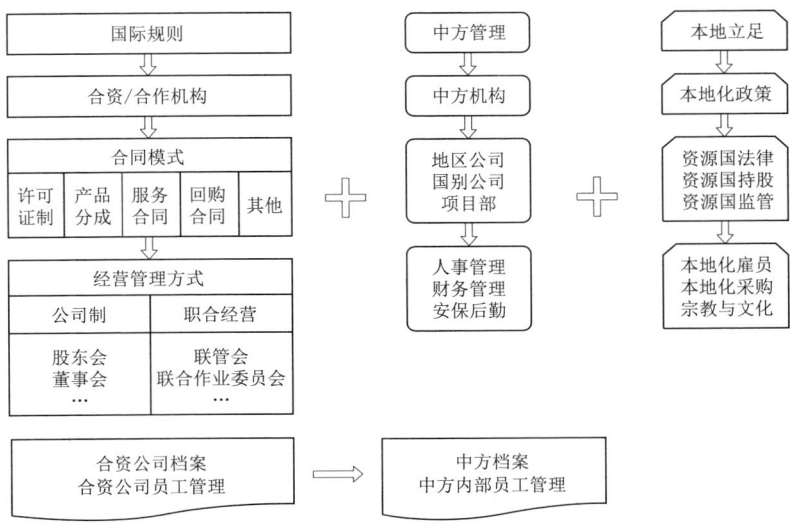

图 3.2 股权驱动型境外档案管理策略

大的境外档案管控空间之后，可以再逐步增加境外档案管理工作的支持力度，在工作考核与监督机制上，也可以逐步提升对境外档案工作的成果预期。

股权驱动型体制下，境外企业档案管理职责主要受对项目实际管控权限的影响。对于管控空间受限的项目，主要遵循合作方的档案管理制度，通过股东行权争取中方档案权益。对于控股的项目，境外企业需要根据国内总部的档案管理要求建立档案管理制度，负责境外档案收集、鉴定、整理、保管、统计、利用、处置和信息化等工作。

3.1.4 自主管控型的境外企业档案管理职责

自主管控型体制具有境外档案管控权限较为自由、实现全生命周期管控管理责任较为清晰的优势，境外企业在因地制宜进行档案管理方面具备较大的自主空间。但是，该体制在落实境外业务参与部门之间的档案管控责任、构建一体化文档管控体系等方面面临较大挑战，很难建立一套标准化的境外档案管理制度体系和管控模式。

自主管控体制的境外企业档案管理职责主要有：制定档案管理制度，编制档案工作计划，并组织实施；建立、完善档案管理体制和工作机制；负责档案的收集、保管、统计、利用和鉴定处置；开展档案信息化建设；按规定向相关方移交档案。

3.2 境外企业档案管理职责划分

境外档案管理体制对境外企业档案管理具有直接的影响，一方面规定了投资主体或母公司对境外企业档案工作的监督、指导方式，另一方面也明确了境外企业档案管理的工作范围和实施方式。境外企业作为境外档案管理的主体，需要对所承担的境外档案管理任务进行职责分解。

3.2.1 企业负责人职责

企业负责人职责应包括但不限于以下内容：

一是确保境外档案管理体系与企业的战略方向一致，将档案管理要求集成到企业业务活动过程中。

二是为境外档案管理体系的建立、实施、维护和持续改进提供资源。

三是宣传有效的档案管理体系的重要性，遵守档案管理体系的要求，确保境外档案管理体系达到预期目标，指导和支持境外档案管理体系的实施并持续改进。

四是监督境外档案管理执行情况，及时解决境外档案应急管理中出现的重大问题。

五是确保境外档案管理方针、制度等的传达和贯彻实施，并告知与企业存在业务关系的相关方。

六是明确、分配档案管理岗位、职责和权力，适当分配档案管理职责到相应职能部门和层级，并列入职责说明。

3.2.2 档案部门职责

档案部门职责应包括但不限于以下内容：

一是制定境外企业文件归档和档案管理计划；以"所在国优先"为原则，制定境外企业文件归档和档案管理制度、流程和标准规范。

二是负责境外档案收集、鉴定、整理、保管、统计、利用、处置和信息化等工作。建立并保持与国内档案业务指导部门日常工作联系，及时准确地统计境外档案，并将统计结果定期向国内投资主体或母公司报送。

三是对境外企业各业务部门（包括各职能部门、各项目、机构等非档案部门）文件归档和档案管理工作进行业务指导与监督，推动将境外档案管理责任纳入各业务部门岗位职责和员工绩效管理。

四是采用档案部门整理制的，档案部门负责收集、整理归档文件材料（按照国内惯例，档案整理应属于业务部门职责，但是考虑境外企业档案管理在境外受到多方面条件所限，境外企业可采用档案部门整理制）。

五是在境外配置适宜档案安全保管的场地、设备及保护设施，负责档案保管和保护工作。

六是境外企业发生资产与产权变动（如企业重组、退出市场、兼并、出售、股份制改造、股份合作制、与外商合资、合作经营、承包、租赁等）时，按照有关规定对境外档案进行处置。

七是处理境外企业文件归档与档案管理中出现的各种问题，负责境外档案工作突发事件应急处置管理工作。

3.2.3 业务部门职责

业务部门职责应包括但不限于以下内容：

第 3 章　境外企业档案管理

一是负责积累文件材料，并对归档文件的完整、准确、系统负责。

二是采用业务部门整理制的，业务部门应设专兼职档案员，负责收集、整理归档文件材料并向档案部门移交。

三是协助档案部门编制本部门形成的文件材料归档范围和档案保管期限表，以及与本部门业务有关的档案管理制度和标准规范。

四是参加由本部门形成的境外档案鉴定与销毁工作，并协助档案部门完成境外档案移交与应急处置工作。

第 4 章　企业境外档案管理制度体系建设

境外档案管理制度体系建设是境外档案管理工作的基础和保障。境外企业在档案管理工作中,应将制度建设放在首位,通过制度作为引线和标准,将境外档案管理和实务工作中的各要素串联起来并予以规范,引领企业档案管理水平的提升。企业应针对境外档案管理的特点和难点,围绕提升境外档案管理工作效率和质量,建立责任明确、边界清晰、简明实用、操作性强的档案管理制度体系。

4.1　境外档案管理制度体系建设原则

1. 合法合规

制度建设应遵循"所在国优先"原则,符合所在国法律规定,以及我国有关法律法规、部门规章规定,规避境外档案管理违法违规风险。

2. 科学完整

制度建设应从实际出发,适应境外企业档案工作要求,科学合理地规划和制定。制度应全面、系统、完整,纵向覆盖文件材料自形成至销毁或永久保管的全生命周期,横向覆盖本企业业务活动形成的管理、产品(或业务,下同)、科研、基本建设、设备、会计等各类档案。

3. 简明实用

制度应对涉及境外档案工作的各种行为作出明确要求,使境外档案工作有章可循。制度应尽量精简,根据内容的重要性,可独立编制成一个制度,也可以章节或条款的方式纳入某项制度。制度内容具有针对性和可执行性,能够获得最佳的工作秩序和管理效果。

4. 业务融合

境外业务文件材料的形成、收集、归档是业务活动的重要组成部分。业务制度建设应将档案工作有关要求纳入其中,加强档案前端控制和全流程管理。

4.2 境外档案管理制度体系的构成

企业应围绕"归什么、谁来归、何时归、怎么归"构建文件材料收集归档制度,遵循"重收集、简整理、保有序、强安全"的原则,建立档案管理制度体系。

境外档案管理制度主要包括:制定的目的、依据和原则;管理事项、适用范围;归口管理部门、管理职责;主客体的权利、义务、责任,工作程序、流程、规范等;生效时间及其他。具有严密工作流程的档案管理制度应绘制流程图。

按照制度管控层级,可将境外档案管理制度分为工作规章和制度规范。

4.2.1 工作规章

工作规章作为引领境外档案工作的顶层文件,对境外档案工作提出原则性要求。主要内容包括工作原则,机构与职责,文件材料形成、收集、归档,档案保管、鉴定、统计、利用、处置、应急管理与信息化建设等要求,奖励与惩罚,解释权限等。

4.2.2 制度规范

制度规范为工作规章的下位规定,明确工作具体要求。境外企业根据企业规模、业务范围和档案工作需要,制定一个或多个制度规范,明确以下工作要求。

(1)文件材料归档要求。明确归档职责、归档范围、保管期限、归档时间、归档程序、归档质量要求、归档控制措施等。

(2)文件、档案整理规范。明确整理原则、整理方法、分类方案、档号编制规则、装具要求等。

(3)档案保管要求。明确各门类档案保管条件、特殊载体档案保管条件、档案清点检查方法、档案进出库要求、库房管理要求、库房管理员职责等。

(4)档案利用要求。明确提供档案利用的方式、方法,规定利用档案的权限、审批程序,提出被利用档案的保护要求等。

（5）档案统计要求。明确统计内容、统计要求和统计数据分析要求等。

（6）档案处置要求。分别对档案运回、档案到期鉴定销毁、跨机构移交等处置方式作出规定，明确处置工作的组织、职责、原则、方法、时间等。

（7）档案信息化要求。对电子文件归档和电子档案管理、传统载体档案数字化等档案数字资源建设作出规定，明确基础设施建设、信息系统建设、安全保密体系建设等工作要求。

（8）档案工作考核要求。明确档案工作考核的组织、标准、流程、周期等，提出表彰、奖励、责任追究与处罚措施，将有关要求纳入相关管理制度。

（9）档案管理应急预案。境外企业应特别关注境外档案管理应急预案的制定，对住所地可能发生的突发事件和自然灾害制定档案抢救应急措施，明确组织机构、抢救方法、抢救程序、保障措施和转移地点等。已开展档案信息化建设的境外企业，还应将档案数字资源抢救纳入应急预案。

为保证档案所有和利用权益，境外企业应将档案管理要求纳入有关合作协议、章程中，在与合作方签订协议和制定章程时，应明确档案归属、流向以及我方权益。国内投资主体或母公司在审查合作协议、方案或章程时，应同步审查档案管理方案或相应条款。

4.2.3 境外档案管理制度体系形成与落实

档案管理制度应经所涉及业务部门会商、法律部门或第三方专业机构进行合法性审查后，由企业主要负责人签发。档案工作规章、主营业务档案管理制度、档案管理应急预案等应向国内投资主体或母公司报备。档案管理制度的编制语言一般为中文和所在国官方语言，并通过用语合规性审查。境外企业应对制度的分发和变更进行控制。制度签发后，应分发至相关工作人员，并组织宣贯培训。应每年组织制度评审，审查其适用性并制定修订计划，及时完成制度修订。

4.3 案例

中国电力建设集团股份有限公司（以下简称"中国电建"）结合自身境外档案管理体制和境外档案实体管理情况，按照上述境外档案管理制度体系建设特点、构建方式和建设要求，从工作规章、制度规范等多个管控层级编制了一

第4章　企业境外档案管理制度体系建设

系列境外档案管理制度并应用实践，形成了具有中国电建特色的境外档案管理制度体系。

基于中国电建总部统一领导、统一制度、统一标准全集团档案工作，并负责检查指导和考核集团所属子企业档案工作。中国电建总部参考国家档案局印发的《企业境外档案管理办法》，研究制定并印发了《中国电力建设集团（股份）有限公司境外档案管理暂行办法》作为对集团所属企业境外档案工作进行管理的总纲和实施检查的依据，指导和规范所属企业开展境外档案工作。

中国电建所属中国电建集团海外投资有限公司（以下简称中国电建海投公司）作为境外企业的国内投资主体或母公司，根据国家档案局《企业境外档案管理办法》《中国电力建设集团（股份）有限公司境外档案管理暂行办法》《中国电力建设股份有限公司投资项目档案管理办法（试行）》等有关规定，结合公司业务实际，制定并印发了《中国电建集团海外投资有限公司境外档案管理办法》，对中国电建海投公司总部及所属全资、控股境外企业、驻外机构的档案工作进行规范。为持续提升公司境外档案管理工作标准化、制度化水平，确保档案在服务公司生产经营、维护公司合法权益、保障公司高质量发展方面作用的发挥，中国电建海投公司组织编制了《电建海投公司所属境外企业档案管理办法》《电建海投公司所属境外企业文件归档管理办法》《电建海投公司所属境外企业档案整理规范》《电建海投公司所属境外企业档案利用管理办法》《电建海投公司所属境外企业档案工作突发事件应急预案》等 7 项境外企业档案管理制度范本（见附录 C），其所属各境外企业在遵循所在国家或地区档案法律法规及相关标准的前提下，参照制度范本并结合实际适应性地修订，建立健全境外档案管理制度体系，使境外档案的形成、收集、整编、保管、利用、处置等各个环节有章可循、有据可依。

第 5 章　企业境外档案管理流程设计

5.1　境外档案实体特点

境外档案实体与境内档案存在明显差异，这些差异性和特殊性是开展境外档案工作的出发点。

5.1.1　档案数量多

企业档案数量往往受企业自身规模和业务范围的影响，规模越大、业务范围越广，产生档案数量也越多。通过研究发现，在同等规模和业务范围下，境外企业产生的档案数量并没有因为企业在境外就有明显的区别，相反很多时候境外企业产生的档案要多于境内企业。一方面，企业身处境外，受语言环境影响和国际化交流的需要，在产生中文文件的同时还会产生大量所在国家或地区语种乃至其他语种的文件，不同语种间的文件因工作需要还会产生相应的翻译版本，继而相应产生大量档案；另一方面，很多境外企业作为项目乙方，既要保存甲方要求归档的文件材料，又有企业自身需要保存的档案产生，加之很多甲方要求归档多套原件，造成大量档案产生。众多的档案数量意味着境外企业需要付出更多的人力、物力和财力来加强管理，对境外企业的档案管理水平也提出了更高的要求。

5.1.2　非传统载体档案占比大

除传统纸质载体档案之外，境外企业还会产生包括视频、音频、电子、实物等大量非传统载体的档案，其中，视频档案以宣传片等宣传类文件材料为主；音频档案主要包括电话或会议录音等内容；电子档案既包括业务系统产生的电子文件，又包含因境外沟通交流习惯产生的大量电子邮件；实物档案除包括奖状、奖杯、礼品等日常管理和对外交往产生的实物外，还包括在境外开展勘探开发、工程建设等项目产生的岩心、射线底片等。在这些非传统载体档案中又以电子档案的数量居多，且随着境外企业档案信息化水平的提升，呈现出电子档案数量比重不断增长的趋势，这就要求境外企业在做好传统载体档案管理的基础上，不断提升其他载体档案管理特别是电子文件归档和电子档案管理的水平。

5.1.3 非中文档案多

与境内档案相比，境外档案的一个突出特点就是在产生中文档案的同时存在大量非中文档案。受语言环境的影响，这些非中文档案中既包括在国际上常用的英语语种的档案，又包括当地语言产生的档案。这部分档案数量大，在境外档案中占有着很大比重，语言的差异给档案的收集、归档和利用等管理活动带来了一定难度，对档案工作者的语言能力提出了一定要求。

5.1.4 档案质量偏低

境外档案的质量与境内档案相比呈现出偏低的特点，主要包括两个方面内容：一是形成质量的低下，很多境外企业所处的国家或地区经济条件落后，文化发展水平较低，受经济和文化发展的限制，前端业务阶段产生的文件材料所使用的纸张、书写材料等本身质量较差。加之受档案工作不够重视、档案人员较少等客观条件的影响，境外档案工作往往处于业务流程末端，对前端业务介入较少，很少有机会对业务阶段产生的文件质量提出要求，导致归档的文件材料载体及字迹质量偏低。二是整理质量的低下，正如前文所说境外档案呈现出数量大、非中文语种档案多等特点，导致档案整理工作本身工作量大且难度不小，加上境外档案人员少等限制，使得编页、装订成册等档案整理工作欠佳。企业境外档案质量的低下给企业境外档案的长期保存和有效利用带来了一定隐患，亟须通过提升企业境外档案工作的水平来改善这一状况。

5.1.5 档案专用保管环境差

境外企业档案的保管环境较差。一方面，很多境外业务的开展在温度、湿度等自然环境较极端或战乱较多、社会动荡的国家或地区，受当地自然环境和社会环境的影响，客观上导致档案保管条件差，造成档案管理的难度加大；另一方面，因企业不重视，经费投入不足或者在当地购买不到、购买成本高等原因，造成档案盒、档案柜、温湿度控制设备等档案管理必需的设施设备欠缺或不符合规范性要求，使得档案保管环境无法满足档案长期管理的需要。

5.1.6　档案形成来源复杂

境外企业档案的形成来源比较复杂，主要包括两方面内容：一是宏观来源的复杂，既有来自投资主体或母公司等国内单位的档案，又有境外企业自身在境外经营管理活动中产生的档案，还有境外企业与其他境外单位联系产生的档案，在这些来源复杂的档案中，当属后两者，也就是境外企业自身及与其他境外单位联系产生的档案最为重要，其中包含着大量涉及企业资产与产权变动、商业秘密、债权债务等内容的档案，为企业的生产经营管理活动提供着重要的参考和凭证作用，更应高度重视，加强管理；二是微观来源的复杂，主要是指档案形成人员的复杂，因境外企业的员工常来往于国内外或者直接选聘当地人员，总的来说人员变动比较频繁，这也意味着形成档案的人员流动频繁，给档案的收集、利用等环节带来困难。

5.1.7　档案保管分散

境外档案与境内档案相比更多呈现出保管分散性的特点。一方面，境外档案人员、机构不足等原因造成档案集中统一管理程度较差，容易出现档案未向档案部门移交、散存在业务部门或业务人员手中的现象。另一方面，受环境和库房、设施设备等硬件条件的限制，境外档案保管地点也呈现分散的特点，档案除保管在本单位库房外，有的单位还采用了第三方托管方式进行保管，还有单位在不具备安全保管条件的前提下，将涉密档案和部分重要档案放置在境内管理；即使在本单位进行保管，有时也因为场地条件限制等原因，档案保管库房或排架位置不够集中。这种分散性特点也给档案管理提出了更高的要求。

5.1.8　档案门类齐全，内容丰富

企业境外档案所包含的门类与境内比起来并无太大差异，基本涵盖了党群类、行政工作类、经营管理类、生产技术管理类、产品类、基建类、仪器设备类、会计档案、人事档案、特殊载体档案等常说的企业档案"十大类"，可以说是门类齐全，内容丰富。其中，面对全面从严治党的新要求和境外政治、经济、文化等环境的新变化，党群类等具有中国企业特色的档案并没有因企业身处境

外而减少，相反随着境外机构党建工作的不断加强，档案数量也日益增多。此外，境外企业在参加公益项目、环境保护等彰显国家形象和企业社会责任及与当地政府机构、社会组织和企业交往等活动中产生了大量档案，这些档案也充分展现出了"一带一路"倡议下中资良好的品牌形象；同时，也为境外企业做好企业宣传、讲好"中国故事"起到了良好促进作用。

5.2 境外档案实体管理流程设计

针对境外档案实体特点，对境外档案实体管理流程进行设计，具体如下。

5.2.1 形成与收集

5.2.1.1 管理职责前移

针对境外档案实体质量偏低、来源复杂等特点，境外企业应将档案管理具体职责前移，加强档案工作对业务流程前端特别是文件形成、归档移交等阶段的控制。

一是加强对企业境外工作人员特别是新员工上岗前的档案管理知识培训，将档案培训纳入境外企业新员工上岗培训体系中去，形成人人有档案管理意识、人人有档案基础管理能力的氛围，形成企业境外档案工作合力，弥补企业境外档案管理人员数量不足的劣势，减轻企业境外档案管理人员负担。

二是要通过文件、会议等途径在项目或具体工作伊始明确提出档案管理特别是归档时间、归档范围、文件制成材料及字迹等关键要求，并将相关工作完成情况纳入考核，促进档案工作尽早介入项目或具体业务环节，压实各方责任。

三是要充分利用已有业务流程辅助做好档案工作，抓好、合并质量审查、文件收集关键节点。比如利用好文件办理登记、收发文登记等工作，明确档案资源产生情况，提升档案收集效率；利用好法律人员对文件材料法律效力的审查，如有的国家或地区将签署人签章是否备案作为决定文件是否具有法律效力的因素之一，依靠法务人员对法律效力的审查可以辅助做好对档案载体、字迹、签署手续等内容的审查工作，减轻档案人员工作量。

5.2.1.2 实施档案部门立卷制

境外企业人员数量少、人员流动性大，许多业务部门在专兼职档案人员配置上有困难，境外企业可根据实际，实施档案部门立卷制。相比业务部门，档案部门在档案人员数量、稳定性和业务专业度上更具备优势,将立卷工作由业务部门向档案部门转移,由档案部门统一立卷,这既能减轻业务人员的工作量,提高其归档积极性,又能保证档案的完整、准确、系统,对于档案数量、类型众多,保管条件较差的境外环境来说尤为重要。这就要求境外企业要充分利用各种措施实现档案部门立卷制,保障档案的集中统一管理。

一是业务人员应将办理完毕、纳入归档范围的文件材料及时交本部门兼职档案员或档案部门归档保存。任何个人不得将应归档的文件材料据为己有或拒绝归档。规模较大、内部机构健全的境外企业可参照国内同类文件材料的收集归档的要求实施;规模较小、人员较少的境外企业可由档案部门直接收集归档文件材料。

二是境外形成的各类文件材料应及时整理、随办随归。同一内容不同载体文件材料的归档时间应一致。

三是收集归档的文件材料应有汉译文,无译文的至少要译出文件标题。翻译时以不改变档案原貌为原则,可另附翻译页,篇幅较短且内容重要的文件材料应全文翻译。

四是境外企业如有需满足境内外多个法人实体对档案保管需求的,宜按照需求数量形成多份文件材料。收集文件材料的份数应由形成该文件的业务部门决定,可一式多份,以满足多方需要。

五是业务部门兼职档案员或档案部门应及时掌握人员岗位变动情况。发生变动时,需经业务部门兼职档案员或档案部门确认文件移交及借阅档案归还情况。

5.2.1.3 充分利用文件材料归档范围和档案保管期限表

境外企业档案来源复杂、人员流动性大、文件的多样性和企业合规管理等给境外档案资源的控制增加了难度。文件材料归档范围和档案保管期限表直接指导档案人员和业务人员把握应归档资源情况,对境外档案资源控制具有重要作用。境外企业应充分利用文件材料归档范围和档案保管期限表做好境外档案的收集归档工作。

一是要重视文件材料归档范围和保管期限表的重要性,及时制定符合自己情况的保管期限表。对于作为甲方的境外企业,既要考虑自身的文件材料归档范围和档案保管期限表的制定,也要对乙方制定相应归档范围;作为乙方,则既要严格遵守甲方提供的归档范围,又要制定好符合自身企业特色和需求的归档范围；同时，针对重点管理的涉及境外企业资产与产权、商业秘密、债权债务等内容的重要档案设置归档范围，重点关注和管理。

二是要科学制定文件材料归档范围和档案保管期限表，针对境外企业规模较小、人员流动性大等特点，进一步细化文件材料归档范围，宜按职能梳理和制定文件材料归档范围和档案保管期限表，表中可标识出档案归属方和重要档案范围。

三是要实施好文件材料归档范围和档案保管期限表，在确保文件材料归档范围和档案保管期限表都科学合理的前提下，严格按做好文件收集工作，并通过通报归档情况、将归档完成率纳入考核等措施促进文件材料归档范围和档案保管期限表的实施。

5.2.2 整理与归档

5.2.2.1 把握多重遵循的整理原则

境外档案整理质量的好坏直接决定着后续保管和利用的质量，根据境外档案实体的特点，境外档案整理的要求可以分为三个方面：

一是档案整理在"所在国优先"的原则下，对于所在国有强制性要求的，遵从其要求；所在国无强制性要求的，可按照国内标准整理。

二是对于有第三方国家参与设立的境外企业或投资建设的项目，应按照所在国、第三方国家和我国的顺序确定整理标准。

三是对以合同、协议等形式约定文件整理或归档要求的，按其约定执行。

5.2.2.2 适当简化整理原则

鉴于境外档案工作环境的特殊性和境外业务法律追溯的重要性，执行我国档案整理标准的境外企业，特别是人员少、规模小的境外企业，可对以下整理环节进行调整和简化：

一是可以简化立卷过程，除有特殊要求外，境外形成的管理、科技等各类文件材料均可按件进行整理，不再立卷。

二是可以简化保管期限的设置，可将境外档案的保管期限划分为永久和30年。其中，重要档案的保管期限为永久，一般档案为30年。

三是可以简化档案的分类，将各类文件材料按其必要的档案管理要素进行分类，尽量减少类目层级和设置。在分类方案的最低一级类目内，文件可按形成的先后顺序进行排列。

四是可以简化档号的设置和标识，可以根据简化后的分类方案和文件排列顺序编制档号。档号应具有唯一性、合理性、稳定性、扩充性，可采用"分类号（或项目号、阶段号等）—文件顺序号"的档号结构，文件顺序号应根据实际需要设置适当的位数。可取消对归档文件加盖并填写档号章的标识方式，将档号统一标注于文件封套或首页空白处。

五是可以简化编目，可按类别、保管期限编制归档文件目录。有条件的企业应用档案管理系统进行著录，其他企业可应用电子表格软件生成电子目录。著录时，在保证文件题名及必要检索点数据详细、准确的前提下，可适当减少著录项。

5.2.3 移交

面对境外业务国内、国外相关方多，档案来源和内容广泛，档案运动路径复杂的客观情况，境外企业应将档案移交作为档案管理的关键控制点，是落实境外档案管理的切入点和突破口。

一是境外企业作为甲方时，应在合同或协议中明确档案移交的要求，保证合同中关于档案条款的完整性、适用性。同时，将档案管理纳入履约考核，作为合同款支付的前置条件，纳入审批流程。在移交阶段，境外企业应严格按照合同或协议条款的要求，审查乙方移交档案的完整性和准确性，并保存有效的移交记录。

二是境外企业参股成立公司时，应在公司在章程和业务合同或协议中明确档案归属、流向、使用、移交等事项，确保企业权益。

三是对于规模较大、周期较长的项目，境外企业应与合作方一起划定分阶段移交方案，阶段性地检验档案管理情况，以规避过程管理失控带来的风险。

四是做好企业各部门实时或按年度向档案部门的归档移交工作。在人员岗位变动时，应当及时办理文件材料移交手续。

5.2.4 利用

5.2.4.1 强化利用流程管控

境外企业往往人员流动性大，在利用过程中容易发生档案丢失、损毁或者利用后不归还等安全问题，针对这种问题，应在境外档案管理过程中着重加强对于利用流程的管控，强化利用管理。

一是要严格规范利用过程，保证利用手续的完备，杜绝无手续或手续不完备情况下随意借阅档案。

二是要将利用相关要求纳入相关工作流程和内容，加强管理。比如可以建立离岗人员档案部门把关制，当人员发生岗位变动时需经过档案部门审核，确保其手中无未归还档案后方可进行岗位调动，若有档案未归还，应利用好此关键节点督促其尽快归还档案。

三是要设置好档案利用权限并严格遵循。要明确规定好档案利用权限，对于哪些人能够利用哪些档案，哪些档案能够被哪些人利用应划分清楚，特别是对于那些中方、外方人员构成复杂以及中方、外方档案区分明确的企业，更应该注意对于利用权限的把控和管理，在利用时做好相关审查工作，避免信息泄露；除涉及敏感信息档案的利用外，境外档案利用的审批流程可适当简化，以提高利用效率。

四是要丰富利用方式，可采用直接查阅、电话调阅、网上查阅等方式提供档案原件、复制件或电子档案利用。

五是要建立健全的惩处机制，在相关规章制度中明确档案利用中发生问题的惩处方式，加大惩处力度，若发现相关问题产生，第一时间进行严格处理，发挥好监督作用。

5.2.4.2 开展专项开发利用工作

境外企业身处的法律、社会等环境相比境内企业更加复杂，也就意味着境外档案发挥作用的途径和方面也更加多样化。

一方面，对于境外企业自身来说，对境外档案的利用需求高，档案既要为平时的生产经营管理活动提供参考，又要为应对所在国家或地区对企业开展的各种频繁且严格的检查提供凭证，如环保检查时要求提供环评报告等。另一方面，除企业自身利用外，第三方也会产生档案利用需求，如有些国家或地区的银行要求项目在申请贷款时要提供相应的项目照片等作为材料，或媒体采访报道时也会要求提供档案作为宣传材料或背景支撑。

面对利用需求的复杂多样化与境外档案工作软硬件不足等客观矛盾，境外企业应在档案开发利用工作中突出重点，有的放矢。在充分研究不同利用需求的前提下，面向那些更重要、出现更频繁的利用需求，有针对性地开展专项开发利用工作，形成专项开发利用成果，以提高档案利用效率，更充分地发挥档案价值，比如，可以面向大量出现的宣传报道利用需求，将一些能够宣传企业的文字、照片、音视频等档案进行汇编，形成企业宣传档案汇编手册或举办本企业"一带一路"建设成果档案展等；再如，针对应对检查的需求，可以将一些检查中常用的文件材料进行汇集，形成相应的档案专题数据库，乃至根据不同检查部门的档案利用需求将专题数据库按照检查内容的不同进行进一步细分。

5.2.5 统计与报备

为加强对境外档案的管控，境外企业应重视档案的统计与报备工作。一方面，境外企业档案部门应及时、准确地填报本企业档案工作年报及有关统计报表，建立精确的档案统计台账，档案统计工作应保持连续性。另一方面，境外企业应根据国内投资主体或母公司的要求报告档案工作情况。

第 6 章 企业境外档案安全管理

境外企业处于差异化的政治环境、法律环境、文化环境及地理环境之中，面临的不确定因素多，且偶发情况多，档案安全管理面临的风险更为复杂。档案安全管理是档案价值发挥的基础，境外企业应对档案安全风险进行辨识、分析、评价，制定安全保管措施，做好应急管理，组织档案运回工作。

6.1 境外档案安全风险分析

境外企业应首先结合所在地的政治、经济、地理、社会文化及本单位管理实际，对可能影响档案安全保管的危险源开展风险分析。境外企业面临的档案安全风险主要有以下几类。

6.1.1 自然灾害风险

自然灾害风险主要包括超标洪水、极端恶劣天气（暴雨、大雪、龙卷风、台风等极端天气气候事件）、地质灾害（山体崩塌、滑坡、泥石流、地面塌陷等）、地震、海啸等。如某公司在尼泊尔建设的某供水工程，由于项目部所在地区持续暴雨，防汛值班人员发现主营地附近河道水位上涨，便通知项目现场负责人，现场负责人察看情况后，组织人员对现场区域进行排查，发现主营地围墙部分被冲毁，立即组织主营地人员进行紧急撤离。洪水最终导致项目部营地及生产临建区被冲毁。

6.1.2 事故风险

事故风险主要包括火灾（线路老化短路、设施设备老旧、个人行为失误等）、档案库房进水（暖气或水管漏水、房屋漏雨）、信息系统灾害（网络攻击、数据受损丢失）等。2018 年 5 月，菲律宾马尼拉市发生的一场大火差点让菲律宾国家档案馆毁于一旦。此次大火的起火点在距菲律宾国家档案馆两栋建筑楼的土地管理局，经过消防员的奋力扑救，大火燃烧 12 小时后，在蔓延到菲律宾国家档案馆所在的范伦那大厦 3 层之前被扑灭。火灾发生时，菲律宾国家档案馆的工作人员第一时间将馆内的珍贵历史档案抢救出来，菲律宾国家历史委员会派出货车帮助运输档案。经由消防员、档案人员和社会各方的共同努力，菲律宾国家档案馆所藏的美国殖民时期以及西班牙殖民时期的珍贵历史档案被安全转移，不过一些馆藏行政档案在灭火过程中被水浸湿。

6.1.3　社会安全风险

影响境外档案安全管理的社会安全风险主要有以下几方面。

一是政治风险，主要包括政局的变化、战争、武装冲突、社会动乱、民族冲突等风险。

二是恐怖活动风险，主要包括由社会动乱、冲突、政治不稳定引起的炸弹爆炸、恐怖袭击等非传统安全风险。

三是社会治安风险，如纠纷、群体事件、抢劫、盗窃等其他涉外事件等风险。

2021 年 3 月，缅甸仰光多个工业区的十多家工厂遭遇纵火和打砸，涉及企业多数为中资企业或中缅合资企业，其中以服装加工厂、服装辅料厂和配套设备厂为主。纵火者大多骑着摩托车，带有铁棍、斧子和汽油桶，冲进工厂以后先是打砸和恐吓工厂值班人员，之后便开始纵火。经过对外部安全形势的分析，某中资企业紧急将仰光办事处的重要档案转移至安全区域。

6.2　境外档案安全保管措施

6.2.1　因地制宜设置保管标准

境外企业所处外部环境较为复杂，应对档案安全保管予以特别关注。针对境外档案实体保管环境复杂且保管条件较差的特点，投资主体或母公司应避免"一刀切"地要求境外企业统一按照国内要求进行档案保管，应根据境外企业所在地的实际保管环境和保管条件制定更加细化、更有针对性的保管标准，以避免出现境内保管要求达不到、境外保管要求又空白导致境外企业档案保管处于无章可循的"真空"状态。

一方面，可以根据境外企业规模大小，设置境外档案保管要求。如员工人数达100人及以上的，境外档案保管应有专门的库房，保管要求参照国内执行；员工人数为20人及以上、不足100人的，境外档案保管应有类似库房的独立区域，具备基本的档案安全保管条件，配备必要的设施设备，由专人负责管理；员工人数不足20人的，境外档案保管应有专用柜具，由专人负责管理。

另一方面，针对所在国家或地区自然环境和社会环境相同或相近的境外企业，投资主体或母公司可以为其设立一套统一适用的、有针对性的保管标准，并在人、财、物上给予特殊的保障以满足保管需要，境外企业应因地制宜地增加档案保管投入。如对常年地处高温、潮湿地带的保管场所，应有针对性地增配空调、除湿机等降温降湿设备；对安全风险较大的保管场所，应使用便于档案转移的装具。

6.2.2 把握灵活原则保管境外档案

境外企业确保档案的绝对安全这一不变原则与境外环境的变化多端决定了境外企业档案实体在保管过程中应以安全为前提，要充分把握灵活原则加强管理。

一是档案保管地与企业办公所在地的灵活。与境内档案库房往往与企业办公楼处在同一或不远物理位置不同，为了境外企业档案的安全，境外档案库房可以考虑与企业办公地分开设置，以达到降低房租、人力等成本或为档案提供更安全、更优越的保管环境的目的。

二是自身保管与第三方保管的灵活。针对境外企业人力不足、档案工作量大、档案保管环境差等特点，除有档案保管本地化要求的国家外，境外企业可将分属本企业、国内投资主体或母公司、所在国有关机构等不同归属和流向的档案选择分地点、分库、分位保管，并作出标识；非涉及敏感信息的档案保管可选择有保管能力的其他中国企业档案机构或具备相应资质的档案中介机构进行委托管理，以弥补境外企业档案人员少、工作量大、保管条件差等不足。

三是境内与境外保管的灵活。对于涉密档案和重要档案，在不具备安全保管条件的前提下，可以将这部分档案放置在境内管理，以确保绝对安全。

四是不同库房或库房不同区域的灵活。针对不同归属流向的档案，境外企业可以采用不同的保管地进行保管，如要移交甲方的档案与属于企业自身的档案可以分属不同库房或库房不同位置进行保管，以方便日后档案的移交或不同语种档案的利用。

五是不同库架的灵活。对于重要档案除满足一般管理要求外，在保管时应通过单独排列或作出重要标识进行区分，以确保在有限的精力和条件下优先保证重要档案的安全和长期保存。

6.2.3 明确保管要求

境外企业应明确相应档案保管要求，以加强境外档案安全。

对于场地要求，一是设计企业驻地时应对档案保管场所进行规划，尽量选择地质条件较好、远离自然灾害、远离易燃、易爆和污染源、远离非传统安全风险等级高的地段作为档案保管场地；二是档案库房应具备防火、防盗、防光、防有害气体、防有害生物等基本防护功能，库房面积应至少满足未来三年境外档案增长的需要；三是档案库房可设于办公场所内，如办公场所无法满足档案保管要求，也可选在办公场所以外的其他安全地点或周边安全国家（或地区），档案库房楼面均布活荷载标准值不应小于 $5kN/m^2$，采用密集架的不应小于 $12kN/m^2$；四是驻社会安全风险等级较高地区的境外企业应对档案库房进行加固，必要时可选择地下或山体的稳固空间作为临时保管场地。

对于设施设备，一是档案库房应配置温湿度监控设备、灭火器材、防光窗帘、防盗门窗等必要设施，根据需要可配置除尘器、消毒柜、去湿或加湿机、空气净化器等设备；二是档案库房宜采用惰性气体、洁净气体、细水雾等灭火系统，无法达到上述要求的，也可使用喷水灭火系统；三是档案柜架应牢固耐用，具有防火、防盗、防尘作用；四是存储电子档案的磁性载体保管应满足电磁安全屏蔽要求，配置防磁柜等必要设备。

对于排架管理，一是档案人员应按照档案柜架排列走向和顺序依次编制排列号、架柜号、格层号，绘制并明示档案柜架排列位置示意图；二是境外档案排架应按照档案内容的重要性进行，自档案库房出入口起，先重要、后一般地排列档案。重要档案还需按照抢救优先、次优先的顺序进行集中排列并作出标识；三是驻安全风险较大地段的企业宜将档案先装箱，再上架，架上按箱的先后次序排列，并将抢救优先级高的档案单独排列在便于抢救的出入口处，抢救最优先的少量档案在确保安全的前提下，可单独保存于工作人员随拿随走处，以应对高风险地区的紧急突发事件。

对于库房管理，一是严格档案出入库登记管理，档案出入库时，应对档案的完整性、原始性进行检查；二是定时测记库房内温湿度并登记，采取相应措施将纸质档案库房温度控制为 14～24℃，相对湿度控制为 45%～60%，特藏库、音像磁带库、胶片库等档案库的温湿度要求应符合相关国家标准；三是档案库房钥匙至少配备三套，除档案人员外，还应将钥匙交由消防人员保管一套和放置于固定地点一套，固定地点宜采用可毁坏且不可恢复的密封措施，如加封条的玻璃箱；四是库房安全巡视应至少每周一次，驻安全风险较大地段的企业对档案库房的安全巡视应每天一次；五是定期检查库藏档案的保管状况，周期至少每半月一次，包括档案霉变、虫蛀、鼠咬等现象或潜在隐患，以及借阅归还情况等，并做好检查记录；六是定期清点核对库藏档案，周期至少每半年一次，如有搬迁或突击性大规模利用档案后应及时清点，做到账实相符，库藏档案数量发生变化时，应记录说明。

6.3 境外档案安全应急管理

境外档案应急管理应纳入境外企业安全应急管理体系统一管理，将档案工作应急所需资源列入资金预算，做好应急物资储备。

为有效预防、及时处置境外档案工作中的突发事件，提高境外档案安全保障和救灾能力，境外单位应组织编制境外档案安全应急预案，成立应急指挥机构，组织、协调、决策、指挥境外档案突发事件应急处置工作，并定期演练。驻安全风险等级较高地区的境外企业，应将本企业档案工作突发事件应急预案报送国内投资主体或母公司审核或备案。应根据突发事件的性质、严重程度和影响范围，对档案应急突发事件进行分级响应和管理。

在保障人身安全的前提下，用一切应急抢险措施和工具保护档案。抢救档案应优先于抢救其他财物，档案抢救按照"先重要，后一般"的原则，依次对优先、次优先和一般档案进行抢救。按照应急预案迅速完成档案搬运，将档案转移至预先设定的避险场所。如无避险场所，还可将档案就地掩埋、紧急转移至相邻安全国家、通过外交途径运回国内等。

在已经或可能导致档案受到严重损毁、库房崩塌、人员伤害等情况发生，包括地震、水灾、火灾、爆炸等引发的重大灾害或者出现重大档案盗抢、所在地出现战争、动乱等严重的社会安全事件等时，应在境外单位应急管理体系下，向中国驻所在国使领馆、所在国政府和有关部门、国内投资主体或母公司等机构或单位报告，建立沟通联系机制，确保有效沟通和交换信息。自身救援力量不足时，应立即寻求支援。紧急情况下，如档案无法转移且信息泄露会对我国国家利益及本企业利益造成严重损害时，应急处置人员经有关负责人批准后，可就地销毁档案。

在应急处置结束后，对档案损害和丢失情况进行全面清理、统计和登记。同时，评估后果及影响，制定抢救工作方案，实施抢救与保护。对应急处置工作中作出突出贡献的人员给予表彰和奖励，对失职、渎职、违法违规等行为造成负面后果的，依照有关规定追究责任。

6.4 境外企业档案处置管理

6.4.1 档案运回管理

境外企业应积极组织将境外形成的档案运回国内，特别是重要档案和所在国或邻近国家（或地区）无法长期安全保管的档案应及时运回国内。在运回时间上，可以根据档案类型、数量及回国人员情况，确定按年、季、月或随时运回。在运回路径上，可选择回国人员随身携带、机要交换、信函快递、大件物品空运、大宗货物陆运、货物海运等方式。

各种档案运回途径的特点及适用性比较见表6.1。

表 6.1　　　　各种档案运回途径的特点及适用性

运回途径	费用	安全性	运输量	速度	主要适用对象
随身携带	低	中	小	快	抢救优先级较高的档案
机要交换	无	高	小	较慢	敏感信息档案
信函快递	高	中	小	较快	会计档案
大件物品空运	中	中	大	中	科技档案
大宗货物陆运	中	中	大	快	非敏感信息档案
货物海运	中	低	大	慢	非重要档案

根据现有企业的经验，境外档案运回流程主要包括制订方案、清理、封装、报关、跟踪与核对等。

6.4.1.1 制订方案

境外企业应有针对性地制订运回方案并向国内投资主体或母公司报备。方案内容包括划定运回范围、计划运回时间，明确运回工作负责人、各环节责任人、联系人等。境外企业应加强与国内投资主体或母公司的联络，使其全面了解档案运回事项并做好接收准备。同时，宜对随身携带的档案履行交接登记手续，并与国内确认带回移交情况。

6.4.1.2 清理

境外企业按照运回方案对档案进行清理，根据不同的运回方式分别集中排列、统计数量并登记造册。特别注意涉及敏感信息的档案，清理时应按照有关规定执行。

6.4.1.3 封装

选择可封闭、大小适合并具有一定安全保护作用的箱体作为运回装具。按照档案清理的排列顺序对档案依次装箱。装满封箱后，应在箱体上对箱内档案作简要说明或标识，并贴上封条。

6.4.1.4 报关

境外企业应按照所在国和我国海关要求，采用纸质文件方式或电子数据交换方式向海关办理出进境报关手续。档案出境应按照所在国海关要求履行报关程序。档案进境宜按照文件类报关，即属我国法律、法规规定予以免税且无商业价值的文件、单证、票据及资料类。境外企业应自运输工具申报进境之日起 14 日内向海关传输或递交报关单、总运单、舱单或清单，以及海关需要的其他单证。需提前报关的，应提前将进境档案运输和抵达情况书面通知海关。海关查验时，境外企业应派员到场，并负责档案的搬移、开拆、重新包装等。档案运回报关可委托专业或代理报关企业向海关办理申报手续。境外企业应在档案到达口岸前与专业或代理报关企业签订正式的报关委托书，其格式以海关要求的格式为准。

6.4.1.5 跟踪与核对

境外企业应及时跟踪档案运回过程节点，掌握运回情况。档案到达国内投资主体或母公司时，应与国内接收人员核对档案数量和实体情况。经核对无误的档案，双方应履行交接确认手续。如发生档案损毁或丢失，境外企业应与国内投资主体或母公司协同追溯，减少损失。

档案运回前应做好备份，结合所在国法律规定选择运回途径。必要时，提前联系我国驻所在国使领馆协助。

6.4.2 境外档案到期鉴定与销毁

境外企业应对保管期限已满的档案进行鉴定，并将鉴定意见书报送国内投资主体或母公司审批同意后进行处置。对于确无继续保存价值的档案，在履行销毁审批程序后可就地销毁。对仍有保存价值的档案，应重新划定保管期限后继续保存。销毁档案时应由 2 人以上负责监销，销毁清册应永久保存。

6.4.3 资产与产权变动档案处置

境外企业发生资产与产权变动时，应在有关合同或协议中设置档案处置相关条款，或专门签订档案处置协议，并按照合同、协议或参照有关规定确定档案处置方案，做好档案的接收和移交。境外企业关闭或撤销时，应及时对档案进行鉴定。经鉴定需要销毁的，在履行销毁审批程序后可按照规定就地销毁；需要继续保存的，应向国内投资主体或母公司移交。

第 7 章　企业境外档案信息化建设

境外企业应当将档案信息化纳入本企业信息化发展规划，保障电子档案、传统载体档案数字化成果等档案数字资源的安全保存和有效利用。业务系统应与电子档案管理信息系统衔接，建立系统接口。

7.1　电子文件归档

企业在开展境外电子文件形成、收集、整理、归档及电子档案管理时，应确保文件内容及元数据齐全完整。元数据归档范围应至少包括：题名、责任者、日期、机构或问题、保管期限、重要等级、格式信息等文件实体元数据，以及记录有关电子文件拟制、办理过程的业务行为、行为时间、机构人员名称等元数据。

应将属于归档范围的境外电子文件与其元数据一并收集归档，包括信息系统形成的电子文件及元数据，也包括由单台计算机中应用软件或其他电子设备形成的电子文件及元数据。境外电子文件归档格式应符合格式开放、不绑定软硬件、显示一致性、可转换、易于利用等要求。不符合归档格式要求的电子文件，应将专用软件一并归档或转换为符合要求的格式，原格式与符合归档要求格式的电子文件一并归档。

境外电子文件整理应满足以下要求：

（1）保持电子文件内在的有机联系，建立电子文件与元数据的关联；

（2）在分类方案下按照一定关键字对电子文件元数据、其他载体文件目录数据进行同步排序，排序结果能保持电子文件与其他载体文件之间的有机联系；

（3）设定能保持电子文件及其组件内在有机联系与排列顺序的命名规则并命名电子文件；能通过计算机文件名元数据建立电子文件与相应元数据的

关联。

境外电子文件整理应与其他载体文件整理协调统一。电子文件同时存在其他载体文件时，可分别按照不同载体进行整理，并通过元数据记录其关联关系。电子文件归档时间一般不晚于同批次其他载体文件的归档时间。无其他载体的电子文件可在办理完毕后实时归档。

境外电子文件归档应基于安全的网络环境或专用离线存储介质，采用在线归档或离线归档方式，通过电子档案管理信息系统或接口进行。电子档案管理信息系统与业务系统具备接口条件的，通过接口进行在线归档；不具备接口条件的，通过专用离线存储介质进行离线归档。由单台计算机中应用软件或其他电子设备形成的电子文件直接通过电子档案管理信息系统归档。

7.2 电子档案管理

境外电子文件归档时，应进行真实性、完整性、可用性、安全性检测，检测合格的电子文件方可接收。检测方法可参照 DA/T 70 执行。

境外电子档案应实施在线存储和离线存储。在线存储按照电子档案管理信息系统运行要求实施。离线存储载体应具有较好的耐久性，按优先顺序依次为一次性写光盘、磁带、硬磁盘等。离线存储应按照保管单位和存储载体容量进行信息组织。磁性载体上的电子档案应每满 2 年、光盘每满 4 年进行一次抽样机读检验，抽样率不低于 10%，如发现问题应及时采取相应恢复措施。对磁性载体上的电子档案，应每 4 年转存一次。原载体同时保留时间不少于 4 年。

企业应制定境外电子档案备份策略，包括在线备份和离线备份，实施电子档案备份管理。境外电子档案在线备份宜选择国内场所作为备份地点之一，对电子档案进行加密传输。重要电子档案离线备份至少一式两套，存储载体分开保管，有条件的境外企业异地保管。离线存储载体管理可参照 DA/T 15、DA/T 38 等标准执行。

企业应每年对电子档案可读性进行评估，形成评估报告。如存在因系统软硬件或其他技术升级、更新导致电子档案不可读取的风险，应对电子档案进行迁移，并将迁移活动记录于电子档案管理过程元数据中。电子档案迁移前应进行迁移可行性评估，包括目标载体、系统、格式的可持续性、安全性、经济性等评估，保证迁移过程中电子档案真实、完整，过程可控。成功实施电子档案迁移后，可根据实际对迁移前的电子档案进行销毁或留存的处置。

已实施电子档案管理信息系统的境外企业，应按照档案利用权限规定，通过电子档案管理信息系统设置利用权限与审批流程。当超出权限利用电子档案时，通过电子档案管理信息系统进行审批。电子档案根据授权可提供在线或离线利用，利用过程通过日志或其他方式形成记录，记录信息包括利用人、利用时间、利用方式、利用电子档案名称、档号等。利用过程信息作为电子档案元数据保存。

企业应对到期电子档案进行鉴定，经鉴定可销毁的电子档案通过物理删除的方式进行，删除时至少二人监督并进行不可恢复性测试。同时，对在线存储设备、离线存储设备中的多份电子档案同时实施销毁。销毁清册及记录应输出纸质文件永久保存。所在国法律规定对涉及隐私数据的电子档案有定期销毁要求的，应按照所在国要求进行销毁。

境外电子档案管理应特别注意所在国对电子档案法律效力要件的特殊要求，如是否承认电子签名，是否承认电子邮件的法律效力等。

7.3 元数据管理

在境外电子文件归档和电子档案管理过程中应同时捕获、归档和管理元数据。系统开发时应对元数据捕获节点进行规划，明确业务系统、电子档案管理信息系统需捕获的元数据项及其捕获方式。电子档案背景、结构和管理过程元数据不应修改。企业应进行多语种的元数据管理，以便于检索利用。

7.4 传统载体档案数字化

企业可参照 DA/T 31、DA/T 62 等标准的要求积极开展境外传统载体档案数字化工作。境外档案数字化时，优先对重要的、保管期限长、利用频率高、保管条件差或在高风险地区保管的档案进行数字化，以便于档案的便捷利用和紧急情况下高效快速转移，保护档案资源。

境外档案可定期集中数字化，也可实时分散数字化。其适用对象、实施方式、实施要求见表 7.1。

表 7.1　　　　　　　　档案数字化的适用对象、实施方法及要求

数字化方式	适用对象	实施方式	实　施　要　求
定期集中数字化	主要适用于传统载体档案数量大、类型多样的企业	1. 可在境外实施，也可运回国内实施； 2. 可自行组织实施，也可委托第三方实施	1. 实施前应在充分调研的基础上，制订合理的实施方案，明确数字化对象、范围、工作目标、内容、技术方法和主要指标、人员职责、成本和进度计划、安全管理措施等。 2. 制订验收方案，明确验收方式（一般采用计算机自动检验与人工检验相结合的方式）、验收内容（包括数字图像、目录数据、元数据、数字化工作中形成的文件、存储载体等）、验收指标等。 3. 委托第三方实施数字化的企业要特别关注档案安全，确保档案实体安全和信息安全。 4. 数字化工作完成后，应及时对数字化成果进行备份
实时分散数字化	适用于传统载体档案数量小，类型较为单一，对数字化成果利用需求迫切的企业	一般在境外自行组织实施	1. 建立统一的数字化标准，参数的设置和调整应保证扫描后数字图像清晰、完整、不失真。 （1）最大限度地保留档案原件信息。 （2）页面有彩色文字、图片页面的档案，应采用彩色模式进行扫描。 （3）页面为黑白两色、字迹清晰、不带插图的档案，可采用黑白二值模式进行扫描。 （4）页面为黑白两色、字迹清晰度差或带有插图的档案，可采用灰度模式扫描。 （5）扫描分辨率不小于200dpi。如文字偏小，密集、清晰度较差时，建议扫描分辨率不小于300dpi。 （6）纸质档案数字化长期保存格式为 TIFF、JPEG 或 JPEG2000 等通用格式。提供利用时，可将图像转换为 OFD、PDF 等其他格式。 （7）对不符合阅读方向的图像应进行旋转还原。对出现的偏斜进行纠偏。 （8）数字化成果以档号为基础进行命名，应确保命名的唯一性。 2. 应阶段性对数字化成果进行审查，必要时审查率可达 100%。 （1）数字图像不完整、无法清晰识别或图像失真度较大时，应重新扫描。 （2）发现漏扫、多扫、重扫等情况，应及时改正。 （3）数字图片排列顺序与档案原件不一致时，应进行调整。 3. 及时进行数字化成果备份。 4. 档案数字化工作完成后，要及时进行档案清点，恢复档案原貌，做到安全、准确、无遗漏

7.5 系统功能

业务系统建设时应充分考虑电子文件归档要求。系统实施时应采用符合归档要求的数据结构和文件存储格式。如确无法符合的,应在系统实施时对所使用的数据结构和文件格式进行可转换性评估。无法转换成符合归档要求格式的业务系统应谨慎使用。业务系统应与电子档案管理信息系统衔接,建立系统接口。接口一般采用 Web Service、中间数据库等方式,具备封装、传输、检测、反馈、标记等基本功能。

境外电子档案管理信息系统应具备收集、整理、存储、检索、利用、统计、鉴定、处置、审计、备份、系统管理等基本功能,具体可参照 GB/T 29194、GB/T 39784 等标准执行。

鉴于境外档案信息化的特殊性,参照我国标准建设的电子档案管理信息系统,可对部分功能进行适当调整和优化。

(1) 支持多语种著录、检索、报表打印等,一般应支持中文、英文及所在国官方语言,至少支持中文和英文。

(2) 支持中外方不同界面,除语种外,界面能够根据中外方对于档案管理侧重点的不同进行呈现。其中,外方界面应注意术语本土化。

(3) 可适当简化整理、编研等功能,简化利用审批流程,加强档案信息共享。

(4) 具备离线数据包功能,可在无网络环境下收集归档电子文件。

(5) 系统备份至少建立双机备份,具有向国内或跨国境备份机制。

7.6 系统建设步骤

系统建设按照信息系统项目建设的一般步骤进行,可分为系统规划、系统分析与设计、系统实施、系统运维四个阶段。系统建设应以项目形式运作,做好项目预算和进度计划,充分考虑在境外实施系统的人工成本、物资成本,以及可能影响项目预算或进度的各种潜在因素,如出入境政策等。

7.6.1 系统规划

系统规划应充分考虑境外档案管理体制、管理目标、业务模式、发展方向等影响因素,做好事前调研及可行性研究,采用成熟、经过验证的技术和标准化、健壮化设计,保障系统在面临极端状况或者突发事件的情况下仍能够提供持续、可靠的服务。

7.6.2 系统分析与设计

系统分析与设计时,应对用户在系统功能、性能、设计约束等方面的需求进行收集和分析,综合考虑境外企业所处环境和实际条件进行系统设计。如因境外系统运维成本较高,尽量提高系统兼容性。

系统部署方式可采用境内向境外延伸部署、境外独立部署网络版、境外独立部署单机版等方式,主要优缺点及适用性见表7.2。

表 7.2 3种部署方式对比

部署方式	优点	缺点	适用范围
境内向境外延伸部署	1. 系统经国内投资主体或母公司顶层设计,统一标准实施,功能更强大,性能更稳定,境外企业工作量较少。 2. 可实现与国内投资主体或母公司之间档案信息资源实时共享,跨机构利用的便利性高。 3. 相比境外企业独立部署性价比更高	1. 为了适应境外电子档案管理特点,功能上需要适当调整。 2. 需要国内投资主体或母公司主导建设,灵活性较差	1. 国内投资主体或母公司已统一部署电子档案管理信息系统。 2. 所在国网络条件较好,具有网络专线或虚拟专用网络,带宽能够满足电子档案管理信息系统运行要求。 3. 境外企业具有较长的运营期
境外独立部署网络版	1. 系统功能可最大限度满足境外电子档案管理要求。 2. 可通过接口与国内投资主体或母公司实现档案数字资源共享	1. 境外实施成本较高。 2. 境外企业需要投入较多精力。 3. 可能与国内投资主体或母公司系统建设标准不统一	1. 国内投资主体或母公司未统一部署电子档案管理信息系统或部署的电子档案管理信息系统不具备向境外延伸的条件。 2. 所在国网络条件较好,带宽能满足电子档案管理信息系统运行要求。 3. 境外企业具有较长的运营期。 4. 境外企业有专门负责档案工作的机构或人员
境外独立部署单机版	1. 系统灵活性强。 2. 系统易操作,易维护。 3. 不受网络条件限制	1. 档案利用功能较弱。 2. 无法与国内投资主体或母公司及时共享档案数字资源	1. 境外企业运营期较短。 2. 境外企业规模较小

境外部署网络版系统的企业，应考虑数据存储和服务器所在位置，结合境内外信息化建设基础条件进行系统设计。系统可部署在境外，也可依托于国内投资主体或母公司现有的软硬件环境联合部署。

7.6.3 系统实施

系统实施主要包括：硬件设备购置、安装与调试、基础软件安装、程序编码与测试、系统集成与测试、系统试运行、系统验收、用户培训等。

实施过程中的软件测试参照 GB/T 15532 标准进行。其中，验收测试应由软件需方进行组织，并由测试方出具测试报告。

7.6.4 系统运维

境外电子档案管理信息系统可自主运维，也可外包运维。档案信息敏感度高的境外企业，外包时应注意审核运维服务方的安全资质。为降低运维成本，无自主运维能力的境外企业宜采用国内远程方式运维。

第 8 章 重点国家和地区企业档案管理

从世界范围看，各个国家和地区的企业档案工作受政治制度、法律环境、经济发展水平等因素的影响，其管理方法各有不同。同时，受国家立法和历史传统的影响，不同国家的档案文化也千差万别。企业要制定合理的境外档案管理策略，首先要充分认识到境外档案管理的差异性和特殊性。

8.1 欧洲企业档案管理

欧洲是档案事业历史最悠久的地区之一，档案相关法律健全，档案事业的发展水平位居世界前列。但欧洲各国档案事业的发展很不均衡，各国均有自己的特色。

英国、法国是西欧档案事业的代表性国家。英国档案事业管理体制属于典型的分散式体制，没有设立统一的档案事业领导中心，国家档案馆与各郡档案馆无上下隶属关系，公共档案系统之外的档案机构不受国家档案馆的统辖和领导。法国实行集中式档案事业管理体制，但非国家档案机构与国家及省档案馆没有上下隶属关系，不受国家档案局的统一领导，彼此之间分散独立。

位于欧洲中部的德国采用分散式档案事业管理体制，联邦档案馆与各州档案馆互不隶属，相互独立，但保持密切的合作，联邦和州的档案立法具有绝对的独立性。德国企业档案馆的发展具有鲜明特色，世界上第一个企业档案馆（克虏伯公司档案馆）于 1905 年成立于德国。德国还有区域性的经济档案馆，用于保存该区域内企业的档案收藏品。德国企业档案馆具有"以总部为中心，覆盖下属企业"的特点。

南欧的意大利、西班牙档案事业管理体制属于集中式，意大利于 1874 年成立的档案总局是世界上最早建立的档案事业行政机关，负责掌管全国档案事业，领导国家档案馆和地方公共档案机构,并对非公共机构和私人的档案实行监督。意大利通过立法和政策监督的形式对私有性质的档案进行征集。

北欧五国的档案事业管理体制均属于集中式,政府把档案事业的领导权授予国家总档案馆,由总档案馆负责领导和监督地方档案馆工作,有权向一切国有公司、企业、地方机关和个人提出档案方面的建议和指导。丹麦建立了国家商业档案馆,用于保存来自企业和商业领域组织的文件。

本章主要对英国、法国、德国、意大利、瑞士、芬兰、俄罗斯企业档案管理的情况进行介绍。

8.1.1 英国

英国企业档案管理的传统较为悠久,有文字记载的最早可追溯至19世纪的《公司法》,该法规定形成和保存某些类型的文件是一种义务。英国未对企业档案或其他私有档案的管理颁布专门的法律,但是企业档案的保存、使用和转移受到相关法律法规的制约。2006年颁布的《公司法》要求企业长期或永久保存几类核心文件,如董事会成员的注册信息和董事会会议记录,以备检查;同时,还规定了企业核心文件必须存放的地点。2018年修订的《版权、设计和专利法》对复制档案或档案信息作出要求。2018年颁布的《数据保护法》遵循欧盟《一般数据保护条例》,对获取含有个人信息的文件进行规定,并要求企业说明长期保存此类文件的正当理由。2000年颁布的《信息自由法》授予公众获取公共当局所保存信息的权利,范围涉及国有企业档案以及公共档案馆收藏的企业档案。2008年颁布的《关于文化产品出口的116/2009号欧盟理事会条例》规定,对价值高于规定金额且历史超过50年的档案材料或历史超过100年的书籍,如出口至英国境外,必须申请永久或临时出口许可。2016年修订的《企业所得税手册》规定:"计算交易利润时,维持历史档案产生的成本一般可作为免税支出",以及"企业因提供档案产生的支出以及相关教育服务支出准许从交易所得中扣除"。

英国没有出台关于企业档案管理的总体国家规定。苏格兰国家档案馆2001年发布的《苏格兰国家企业档案政策要点》是英国构成国唯一的企业档案管理政策。2004年,英国内阁文化、传媒和体育部门组建了一个档案特别小组深入审查各类档案的状态。档案特别小组提交的题为《倾听过往,对话未来》的报告是英国第一份除国家档案之外也考虑了企业档案的国家报告。在该报告提出的八项建议中,有一项是"鼓励企业、私人和专业档案馆发展成为国家遗产的组成部分"。同年，英国企业档案委员会发起召开了企业档案圆桌会议，与会代表来自该委员会、档案工作者协会企业文件组、企业史工作者学会、国家档案委员会、国家档案馆、博物馆、图书馆和档案馆委员会以及英国工业联合会。后续，这个联合体支持英国国家档案馆发布了英格兰和威尔士企业档案五年战略，该战略于2009年至2014年实施。随后，苏格兰企业档案委员会在苏格兰国家文献馆及其他机构的支持下，也发布了苏格兰企业档案平行战略，该项战略于2011年至2017年实施。这两项战略的关键目标主要包括：向工商业界推广档案的商业价值，并为档案所有者提供指南和支持；增加公共可获取企业档案的数量；在公众中提升企业档案形象，促进更广泛的使用；以及改善企业档案的保存状况。两项国家战略的实施取得了诸多进展，主要包括：国家档案馆任命了一名专职企业档案咨询经理；创建了企业档案管理最佳实践网站；成立了国家企业档案危机管理团队，用以快速反应保护可能面临风险的企业档案；启动了企业档案编目拨款；以及完成了苏格兰企业档案数据映射项目和宣传活动。

英国没有用于存放企业档案的国家独立库房，也没有地区性企业档案馆网络。格拉斯哥大学的苏格兰企业档案馆是收藏英国企业文件的最大文库。大多数企业档案由产生档案的企业保存，这些档案一般不作为历史文件，而是作为更广泛的文件管理系统的组成部分进行管理。大量的英国企业设立了企业档案管理职能，其中最常见的有金融服务公司、拥有重要品牌遗产的大型跨国公司、具有超长历史的公司及家族企业，尤其是大规模企业和直接面向公众营销的企业。目前，英国大多数企业档案工作者都取得了专业资格。典型的企业档案机构设置是只有一名档案工作者，可能配置一或两名档案助手。但大型企业的内部档案馆可能建立档案工作者团队。英国的文件管理、档案管理逐渐分离为单独的企业职能，由不同的专业群体进行管理，确保档案得以识别和保存。

英国的企业档案协会主要有企业档案委员会、苏格兰企业档案委员会、档案与文件协会企业文件分会、信息与文件管理协会等。企业档案委员会成立于1934年，其目标主要包括：推动保存具有重要历史意义的企业文件；为企业档案和现代化文件管理提供咨询意见和信息；提升企业历史和档案的吸引力并鼓励研究。企业档案委员会是由档案专业人员和学者主导的注册制慈善机构，主要通过年会和会员订阅筹集资金。企业档案委员会每季度出版一期电子快讯，每年举办一次年会，评选企业历史奖并提供档案编目补助，帮助维护"管理企业档案"最佳实践网站，同时也是国家企业档案危机管理团队的一个活跃成员。

苏格兰企业档案委员会成立于1960年,目标是积极保存苏格兰工商业的历史文件。苏格兰企业档案委员会出版一份电子快讯和一份期刊,组织举办培训课程、会议和网络活动,以及参与国家企业档案危机管理团队并协调档案拯救工作。英国档案与文件协会(ARA)企业文件分会成立于2000年。档案与文件协会是涵盖英国档案工作者、文件经理和保管员的主要专业团体,而企业文件分会则是其下属的几个专业化团体之一,其目标包括:提供一个论坛及相应支持;推广最佳实践经验;促进档案培训学校的教学;对与企业文件相关的政策和决策发表建议,如确保国家和国际标准和计划考虑企业文件的专业需求。信息与文件管理协会成立于1983年,其宗旨是服务于不断成长的英国文件经理群体,其目标是通过展示、外部联络和推介活动来确保信息和文件管理的地位,支持专业发展,推广良好的信息和文件管理实践。信息与文件管理协会拥有超过1000个会员,提供一份双月刊物、一份电子月刊,并每年举办一次年会。

在企业档案工作者教育培训方面,英国伦敦大学学院、阿伯里斯特维斯大学、利物浦大学、格拉斯哥大学和邓迪大学提供档案管理和文件管理研究生课程。课程可以为档案工作者和文件经理提供广泛的综合培训,其目标是培养可以从事任何档案工作领域的专业人员。在上述大学的课程大纲内,大部分课程都包含一些企业文件方面的教学内容。同时,一些课程采用远程教学形式,以企业档案课程作为独立模块提供教学服务,以促进档案管理地持续专业发展。此外,企业档案委员会、档案与文件协会企业文件分会以及信息与文件管理协会也都以研讨会、培训和会议等形式提供专业的学习机会。

8.1.2 法国

法国有国家协调经济事务的传统,并且高度关注国家遗产保护。最早支持历史商业档案的保护是由法国公共档案馆发起的。法国最新的《档案法》于2008年颁布并被编入《遗产法典》,该法主要适用于公共档案。在法国,企业(包括国有公司)的档案被视为私人档案,但工商业中的公共机构的档案除外。法律规定,商业秘密、公共信贷文件的保密期限为25年;涉及个人隐私和国家安全的文件,保密期限为50年。法律将私人档案定义为非公开档案,同时规定了具有重大历史价值的私人档案的登记制度,禁止在未经许可的情况下销毁或出口此类档案。1988年关于法定清算的法律规定清算人在出售或销毁任何档案之前必须通知行政当局。不同的法律(如民法、劳动法、商法、税法等)涵盖了有关档案保存的管理办法。欧盟委员会发布的《通用数据保护条例》于2018年被改编为法国法律，企业必须严格遵守该项法律，否则将受到严厉处罚。尽管法律严格限制个人数据的保存，但如果个人数据被视为公共档案，为了公共利益可以长期保存。对于私人企业的档案，个人数据可在特定条件下无限期保存，可用于历史研究。

法国没有关于企业档案管理的国家战略。国家劳工档案馆收集了全国的企业历史档案，试图成为企业档案馆知识网络的核心。随着文件和档案部门变得越来越专业化，法国企业成立了规模更大的档案管理部门，部分企业建立了档案馆或者将历史档案移交到了公共存储库。国家、地区和地方档案室是公共服务部门，只接受历史档案。

法国没有企业档案专门组织。1904年建立的法国档案工作者协会自1974年以来一直设有企业档案科，该科约有400名成员，其活动主要包括：每年至少举行两次会议，会议期间组织参观档案室或相关公司；组织关于外包、评估、转移档案、电子档案和安全等专题的工作组等。为了提高服务质量，一些档案外包公司于1996年成立了PAGE协会，协会于2001年制定了档案外包的国家标准。归档政策和项目管理者俱乐部（CR2PA）于2008年成立，通过研讨会、出版物、博客网站和大型开放式网络课程（MOOC）推广最佳实践经验。

法国的档案工作者培训机构不只专注于企业档案管理。成立于1821年的国立文献学院培训公共档案馆的档案工作者（包括馆长）。第一批企业档案工作者接受了学院的培训，并将传统的法国档案管理实践转化为企业实践。面对社会和企业日益增长的档案管理需求，现在法国各地有十几所大学开设了档案管理课程，这些大学通常颁发硕士文凭。法国档案工作者协会培训中心定期举办课程，内容侧重于档案的组织或数字化、历史文件、新技术和企业档案等。CR2PA开设了关于电子档案、电子邮件归档等方面的培训课程和MOOC。另外，档案和文献咨询公司也提供各种培训课程。

8.1.3 德国

德国企业档案馆与联邦政府或联邦各州之间没有法律关系。2013年《民法典》第903条规定，企业创建、储存的文件属于私有财产。企业档案的保存期由商业、税务和社会法律（尤其是人事档案、社会保障证明）规定。《商法》第257条和《税法》第147条对文件保存义务进行了规定。《销售税法》第14条规定了发票必须保存的期限。根据《税法》第147条，企业必须将以下档案保存10年：账簿和记录、存货清单、年度财务报表、管理报告、期初资产负债表、工作指令以及所需的其他组织档案；会计记录。档案保存6年后，企业可以根据《税法》第147条的规定处理以下档案：收到的商业信函或业务信函；发送的商业信函或商务信函的副本；税收相关的档案。除年度财务报表和期初资产负债表外，符合正确核算的原则并能确保复制的数据（与图像和相关文件的内容一致；可在保存期内的任何时候获取，清晰可辨，并可自动评估），也可以复制形式保存在图像或其他数据载体上。涉及较长保存期要求的档案通常为人事档案，因为可以通过此类档案明确养老金权利。

德国经济档案由非国家档案机构保管，联邦各州负责保存，各州通常通过地区企业档案馆保存此类档案。德国没有国家层面的企业档案战略和政策。企业档案通常存放于企业档案馆、行业档案馆和地区企业档案馆。除了企业自己管理的企业档案外，10个地区企业档案馆储存了大约2000家企业的档案，这些档案大多来自今天已不复存在的企业。地区企业档案馆还保存着大量传统中型企业的档案，这些企业往往是历经数代的家族企业。此外，一些档案馆还帮助许多中小型企业管理档案，保存在企业内部。

德国档案工作者协会（VdA）成立于1946年，是一个代表德国档案界利益的专业协会，致力于确保成员能够为社会和研究工作提供重要服务。德国企业档案工作者协会（VdW）成立于1957年，是德国唯一的经济档案工作者专业协会。VdW成员来自企业、商会、协会和分支机构的档案馆、地区企业档案馆、个人，其活动有组织年度专家研讨会、培训和进修，以及出版季刊《档案和经济》。

德国未开设专门针对企业档案管理的档案工作者专业资格课程。VdW每年提供与企业档案工作者有关的专家研讨会、培训和进修。

8.1.4　意大利

意大利企业档案馆结合企业界的特殊需要，不断研究和创新管理方法，对传统的档案管理基本原则进行了调整和优化。意大利文件的编制、接收和使用受到法律义务以及组织和管理需要的制约，企业文件可分为三大类：企业书面协议，会计和行政文件，技术和规划文件。有关企业文件法律义务方面的规定主要集中在《民法典》《增值税法》《财政法》，在关于雇主和雇员关系、贸易自定、劳资关系、事故、火灾保险和工作环境保护等方面的法律中也有涉及。

《民法典》规定，承办人必须记录其活动的开展情况，保存 10 年的特定文件和账簿（日记账、库存、分类账、信函、合同、发票），保存期限可根据第 600/1973 号总统令（直接税）和第 633/1972 号总统令（增值税）延长到相应的课税期。根据企业的性质和规模，企业有义务保存其他账簿记录（分类账、现金账、存货簿）以及每项商业交易收到的信函、电报和发票的原件以及发出的信函、电报和发票的副本。《民法典》第 2215 条规定了日记账和存货簿的编号和密封要求。第 2216 条规定了对日记账进行认证的义务，必须"每天记录与企业管理有关的业务"。第 2217 条规定了对库存的记录。第 2220 条规定，账面记录自上次登记以来的保存期限为 10 年，收到的信函、电报和发票的原件以及发出的信函、电报和发票的副本也必须保存 10 年。除了账簿和账面记录外，《民法典》第 2421 条：还要求股份公司保留一些公司账簿（股东名册、债券登记簿、会议记录、董事会账簿、法定审计师委员会账簿、执行委员会账簿）。与账簿和账面记录不同的是，公司账簿必须在公司的整个生命周期内保存，以便在公司清算后在法院文秘署保存 10 年（《民法典》第 2457 条、第 2497 条和第 2516 条）。相关法律还对形成和保存雇主和雇员之间关系和工人保护相关的记录进行规定，包括工作人员登记册和工资簿（第 1124/1965 号总统令第 20~26 条和第 145/1969 号总统令第 42 条）、就业卡和事故台账。相关财政规定也给企业提出了文件管理的要求，1973 年第 600 号总统令（所得税评定）对一些账面记录（可折旧货物登记簿、辅助库存记录）、增值税登记簿和文件（登记簿、收据簿、档案、硬拷贝、发票、账单、装箱单）进行了强制规定，要求将这些记录保存到特定纳税期的纳税评定最终完成时。

意大利企业生成的记录和档案主要由企业自行保存。近年来，许多企业出于法律的原因，将必须保存文件委托给专门从事档案服务的外包公司保管。与最初的档案实体保管和查阅相比，外包公司提供的服务范围明显扩大，包括数字和档案咨询服务，如历史档案的选择、业务流程分析、照片档案的数字化和数字档案的保管。意大利没有机构负责将企业和劳工组织的历史文件集中保管。

意大利国家档案协会（ANAI）一直在推动成立专门的工作组，以便处理和研究相关具体问题，并开展与实现其社会目标有关的活动，如保护档案和研究制定相关举措。意大利企业档案工作者小组（GIAI）一直积极参与各协会活动，在 2012—2013 年与意大利企业档案馆和博物馆协会联合组织的公司档案管理培训活动取得成功后，GIAI 于 2014 年进行了重组，以更好地促进合作和经验交流。企业文化中心是米兰商会和 ASSI 基金会 1991 年根据私法成立的一个非营利协会，并得到文化遗产和活动部部长令的承认。该中心成立目的是提供组织和文化资源，促进成员的文献遗产的保护和价值提升。该中心的任务重点是：建立地区经济档案馆，以收集企业和企业协会的历料；与企业合作建立企业博物馆；通过出版研究报告，分析企业文化和思考企业在相关领域的作用；向参与企业历史文献遗产保护和价值提升的文化经营者提供培训；以及建立关于企业精神的声像档案。该中心于 1998 年出版了《公司档案手册》，为公司档案馆的诞生提供了支持。

意大利目前没有专门针对企业档案工作者的培训课程，也没有授予相关专业资格的课程。档案工作者的大学培训主要针对研究生（硕士和博士），须在罗马大学档案和图书遗产研究生院进行两年的专业学习。档案和古籍学院也在主要的国家档案馆积极开展工作。中央国家档案馆积极地举办当代档案研究高级培训课程。近年来，企业档案工作者的培训主要由意大利国家档案协会进行，其与意大利企业档案馆和博物馆协会一起在意大利企业档案工作者小组的活动范围内，为企业档案工作者设计和提供了一系列专门课程。课程包括基本和高级培训模块，培训对象包括接受过传统档案培训的人员、自由职业者以及希望丰富和提升技能以应对价值提升、沟通和新技术领域专业挑战的人员。2015 年 6 月 15—16 日，国际档案理事会企业档案处在米兰举办了主题为"创建最佳企业档案：实现良好投资回报"的会议。

8.1.5 瑞士

瑞士是最具全球经济整合性的经济体之一，瑞士的企业档案除了法律用途之外，也被作为企业品牌管理和市场营销的一种重要手段。瑞士《债法典》中特别规定了企业文件的保存。《债法典》第 958f 条第 1 部分规定了账目和报告必须保存至少 10 年。《账目法案》第 8 条进一步规定了哪些文件需要妥善存档、便于检索以及防止非法获取。其他与账目相关的文件，如信函、员工档案、社会保险档案、工资表等，只需保存 10 年。瑞士没有关于企业文件长期保存的法律规定，但是法律要求药物和临床试验登记、制造和品控相关的文件保存更长的时间。

瑞士没有出台企业档案方面的国家战略。瑞士是由各独立州（行政州）组成的联邦，部分州会实施特殊的企业文件管理政策。地方行政州档案馆决定该州是否有特定的档案收集的权力，并由此决定是否收集企业档案。

私有企业档案通常由企业自己保存。历史企业文件通常由行政州档案馆收藏，这些文件通常来自于非常古老的贸易公司或银行，很少来自于比较现代的企业。

瑞士档案工作者协会是由档案工作者、文件经理和信息经理组成的专业机构。协会设档案工作者工作组，负责私有企业的历史文件。瑞士档案工作者协会提供专门针对企业档案工作者的培训课程。瑞士职业教育的一个突出特点是学徒制，信息和文件领域的期限为3年。学徒在其受教育期间主要是在州档案馆工作，要求必须至少在其他两个机构参加实践。

8.1.6 芬兰

芬兰《档案法》（831/1994）是对国家机构文件和档案管理的立法，该法允许国家档案馆对保存在馆的档案包括私人档案进行登记。芬兰没有关于私人档案馆的专门法律，但有一些法律会对私人档案馆产生影响。例如，根据《会计法》，企业有义务在规定期限内保存其会计档案。《国家私人档案馆援助法》旨在保存重要的私人档案和公共档案。

芬兰没有制定关于企业档案管理的国家战略。国家档案馆和私人档案馆共同制定了一项档案征集政策，旨在将属于某些社会机构的历史档案移交给相应的私人档案馆或国家档案馆。芬兰没有法律要求所有者永久保存私人档案，个人、组织或企业自行决定保存还是销毁档案。如果企业想保存或捐赠其历史档案用以支持科学研究或文化事业，可以有多种选择，具体取决于期望的档案保存地点以及愿意接收的机构。

作为信息管理专家组织，芬兰企业档案协会成立于1960年。协会出版《*Faili*》季刊，并每年组织基本信息管理课程和主题日。协会建议的档案保管期限被很多公司作为评估依据。芬兰档案工作者协会成立于1947年，侧重于公共行政部门的档案管理，但也为私人档案管理提供支持。

芬兰企业档案协会每年组织两次基本信息管理课程和主题日，供企业人员参与。协会每四年安排一次为期两天的企业档案会议。另外，国家档案馆和市政档案协会也提供相关培训，但内容上更侧重于公共行政文件管理。芬兰坦佩雷大学设有信息研究硕士学位，位于米凯利的芬兰东南应用科技大学设有信息管理和数字存档硕士学位，还有其他高等教育机构设置了文件管理课程。

8.1.7 俄罗斯

俄罗斯基本沿袭了苏联的档案管理体制，即层次型的集中式档案管理体制。俄罗斯联邦中央、加盟共和国、州和自治区均设立了档案事业行政管理机关，对俄罗斯联邦的档案事业实行分级管理。2004年颁布的《俄罗斯联邦档案事业法》首次从法律上界定了俄联邦档案全宗的概念，俄罗斯联邦档案全宗"包括存在于俄罗斯联邦版图上的所有档案文件，不论其来源、产生时间和方式、载体形态、所有权形式和保管地点如何。包括法律文件，机关文件，含有科学研究成果的文件，工程设计和技术成果文件，电影、照片、录像、录音文件，电子和遥测文件，手稿、图画、图纸、日记、书信、回忆录、档案文件正确正本的副本，以及设立于国外的俄罗斯国家机关的档案文件"。在所有制形式上，该法规定，自治组织和私人所有的档案文件均属于俄罗斯联邦档案全宗的组成部分。

俄罗斯企业档案的保管受到各种立法和2004年第125-FZ号联邦法律《档案保存法》中档案清单的管理，该法规定了档案从各组织移交到国家和市政档案馆的规则。《股份公司法》《有限责任公司法》《国家和市有单一制企业法》规定了应保管的档案清单，这些清单在专门条款中有详细规定，其中还对某些类型档案的保存规则和期限作出了具体规定。根据第208-FZ号联邦法律《股份公司法》，企业有义务保存公司章程和记录公司股东大会、董事会和管理机构决定的内部文件，以及俄罗斯联邦监管法案规定的档案。企业有义务按照俄罗斯银行规定的方式和时限，在其执行机构所在地保存档案。

俄罗斯没有制定国有和私营企业档案发展和管理的国家战略。目前，还没有企业档案工作者的专门协会。俄罗斯历史学家和档案馆协会（ROIA）在自愿基础上，联合了档案工作者、历史学家、档案管理人员、博物馆和图书馆专业人员、历史专家、讲师和学生、媒体代表以及从事与俄罗斯联邦档案基金的保存、征集和使用、历史和文化遗产保护以及俄罗斯档案和历史科学发展有关活动的其他人员。俄罗斯国立人文大学（RSUH）档案和文件管理系设置了学士学位课程，课程包括企业档案管理的培训。RSUH还在其继续教育学院设立了档案和文件管理高级学院，为档案和文件管理方面的多学科专家提供课程。

8.2 美洲企业档案管理

美洲是档案事业发展水平最高的地区之一,但南北美洲的差距十分明显。美国是国际上档案事业发展水平最高的国家之一,美国是联邦制国家,其档案事业管理体制属于分散式类型。企业和私人的档案均属于私有财产,所有者有权自行处理。美国非联邦档案机构和商业性档案机构的档案管理活动缺乏统一规划和组织,具有随意性。美国企业采用多种方式、多种渠道进行档案文件的管理,除了建立企业档案馆外,也可以将文件交给公共性的机构或商业性文件中心保管。加拿大也采用了分散式档案事业管理体制。拉美诸国除少数国家外,大多采用分散式的档案事业管理体制,联邦档案机构对地方档案馆不存在领导或指导关系。

8.2.1 美国

美国的企业档案管理一般只是为了服务于企业自身的需求,绝大多数属于组织内部职能。美国不强制要求企业保存历史文件。虽然有些公共档案库房拥有和保存企业文件,例如历史中心、历史学会和政府档案馆,但这些文件通常是破产企业的非现行文件,不是系统性的获取企业文件。

美国几乎没有立法、政府资助、联邦或州级的政府激励措施来帮助保存企业文件。一些联邦政府机构的补助计划可以帮助公共档案库房收藏企业文件(但不包括企业内部档案,因为不向营利机构提供补助)。提供补助的机构包括全国历史出版物和文件委员会(NHPRC,该机构属于国家档案和文件管理局)、国家人文基金会和博物馆及图书馆服务研究所。

美国没有出台关于企业档案的总体国家战略或政策。美国企业的档案首先并且主要保存在企业内部。美国企业档案馆具有多种风格,按照组织需求以及主要利益相关者的需求进行管理。国家和州档案馆以及其他公共或准公共档案馆,如市政、大学和历史学会档案馆,可能收藏破产企业的文件。但一般来说,企业文件并不是公立机构收藏政策的重点。私立组织,如产品和行业博物馆,更可能寻求收集企业文件。但也有例外,如企业出于慈善和研究目的向公共档案库房捐赠档案,这些捐赠通常为胶片或照片或企业不再使用的文件。也有商业企业为企业提供档案保存服务,服务范围包括:简单的异地存档、档案处理

第 8 章　重点国家和地区企业档案管理

和查阅，等等。

美国档案工作者协会（SAA）企业档案分会是企业档案工作者共享信息和理念的最重要的资源平台。该分会约有 300 名会员，每年在美国档案工作者协会年会上聚会一次。作为美国档案工作者协会的会员权益之一，任何会员都可以加入企业档案分会。

美国档案工作者协会提供一项名为"企业档案——建立和管理一份档案"的专业教育课程。该课程为期三天，每年授课一次，主要为参加者介绍适用于企业档案管理的理论和实践，同时提供到企业档案馆参观的机会。除此之外，没有专门针对企业档案工作者需求的学术教育。美国没有全国性的企业档案工作者专业认证项目，也没有针对处于职业中期和晚期的企业档案工作者任何正式有组织的职业发展机会。

8.2.2　加拿大

加拿大没有针对企业档案管理的专门立法。联邦和省制定的关于企业的法律，如《商业公司法》，规定了必须编制哪些文件以及文件的保存期限，但并不要求企业将文件作为档案保存，或将文件捐赠给档案馆。还有一些以合规为基础的立法，包括税法和环境条例，规定了企业文件的保存时间，其中一些法律要求企业即使在解散后也要在规定的时间内保存特定文件。《图书馆和档案馆法》为联邦政府拥有的企业提供了相关指导，并规定了哪些文件需要保存并移交国家图书馆与档案馆（LAC）。《文化财产进出口法》规定，向指定的历史机构（如公共档案馆）捐赠或出售具有历史或文化意义的财产的实体将享受税收优惠。该法还规定了一些保护措施，防止被评估和指定为具有国家重要性的企业档案离开本国（在实践中，只有公共机构保存的企业档案需要进行此类评估和指定）。企业档案馆还受联邦、省或地区隐私法的约束，也可能受信息自由法的约束。

加拿大没有制定企业档案管理的国家战略或政策。国家档案馆、国家图书馆与档案馆以及省和地区档案馆可从知名公司征集企业文件，但没有任何政策或战略对此作出强制要求。大多数企业档案存放在三类机构中：政府档案馆、大学或学术档案馆、公司内部。许多公司选择将档案移交给政府或研究机构由此获得相关的税收减免。在政府机构之中，加拿大国家图书馆与档案馆保存有大部分的企业档案。大多数皇家或政府所有企业的档案保存在负责管理相关政府文件的档案馆。如省属企业的档案由该省的档案馆进行保存。

加拿大没有专门的企业档案协会,很多公司档案馆是其他国家或国际档案协会的成员。加拿大相关机构没有专门为企业档案或公司档案工作者提供的培训,目前可用的企业档案管理资源是一本名为《企业档案》的手册。

8.3 亚洲企业档案管理

亚洲档案事业总体水平与欧美发达国家存在比较明显的差距,各国档案事业发展水平也很不均衡。东亚的日本实行分散式档案管理体制,政府不起统一领导作用,各种类型、级别的档案馆各自为政,企业自行管理档案资料。韩国政府十分重视档案工作,先后颁布了一系列法令和规则,指导政府机关开展档案工作。位于南亚的印度实行分散式档案事业管理体制,国家档案馆和各联邦档案馆相互独立,无隶属关系。巴基斯坦的档案事业管理体制也属于分散式,全国没有集中领导档案事业的行政机关,国家档案馆与各省档案馆之间保持密切的业务指导和技术联系,但没有行政监督和领导权,主要依靠国家立法管理档案。位于东南亚的马来西亚采用集中式档案事业管理体制,政府把档案事业的领导权授予国家档案馆。

8.3.1 日本

企业档案室作为日本企业的部门或职能,起源可追溯到前财阀家族(三井、三菱和住友)的公司历史编纂项目。长期以来,企业档案在日本被普遍视为"公司历史(Shashi)编纂项目"的同义词,或者被作为出版的"公司历史"。日本《公司法》《劳动标准法》《工业安全和卫生条例》等各种法律规定了相关文件的最短保管期限,但总体上日本没有关于私营企业商业文件管理的专门法律。2009年首次颁布的《公共文件和档案管理法》引入了文件时间表的概念,规定了从文件创建到档案馆保存的统一管理。该法规定了查阅已移交至档案馆的公共文件的权利,而且与《获取行政机关掌握的信息法》(1999年)相比,对信息的获取作出了更明确的规定。《个人信息保护法》对查阅企业文件中的个人数据作出了规定,《保护文化财产法》对保护私营企业拥有的文件和文物作出了规定。

日本没有关于企业档案管理的国家战略或政策。许多私营企业和相关基金会为编纂企业历史而收集和保存历史文件，并用于日常经营。日本银行档案馆（在日本被归类为公共档案馆）和前财阀公司集团档案馆的文件可供外部查阅利用。但是，在某些情况下只有研究人员才能查阅这些档案。私营企业的档案一般只限于内部查阅，不向公众开放。

日本企业档案协会于1981年在东京成立，是日本唯一的企业档案专业机构。其旨在提高公众对企业档案重要性的认识，促进协会成员之间的沟通交流，对企业档案的收集、保存和管理进行研究，以及提高日本企业档案的质量。协会由企业历史学家团体、企业联合会和其成员公司、特别图书馆协会在内的企业历史团体组成。日本记录管理学会成立于1989年，旨在宣传和科学分析记录的重要性，并为妥善管理记录提出切实可行的解决方法。日本档案科学学会成立于2004年，在文件和档案管理，档案的形成、结构和历史等专题，档案工作者的教育和培训三个领域开展研究。日本数字档案学会成立于2017年，旨在通过鼓励工业界、政府、学术界和私营部门之间的相互交流，促进"数字档案"的发展。

随着2004年日本档案科学学会的成立以及2008年学习院大学档案科学研究生班的开设，日本开始有了对档案工作者的培训。日本档案科学学会于2012年启动了档案工作者认证和登记制度，日本国家档案馆于2020年启动了首次由政府赞助的档案工作者公开认证。但是在企业档案界，获得这种专业资格的档案工作者仍然很少。一般来说，公司员工被任命为档案工作者时没有经过任何培训，通常通过在职培训或参加日本企业档案协会举办的培训课程学习档案管理知识和技能。日本企业档案协会自1992年以来一直为企业档案工作者提供年度培训课程，课程主要包括以下主题：档案的定义和意义，日本企业历史，公司历史编纂，文件管理、收集、移交、分类、整理、保管和修复，数字化，版权，公司博物馆和案例研究。目前除学习院大学外，九州大学、筑波大学等学术机构也提供档案教育。日本国文学研究资料馆为研究生和一般公众开办了一门名为"档案学院"的课程，一些企业档案工作者参加了该培训课程。

8.3.2 印度

企业档案在印度尚处于新生阶段，对档案的认识还仅限于政府档案。1993年《公共档案法》和1997年《公共档案规则》等立法仅涉及公共档案或政府档案。印度没有专门涉及企业档案等私人档案的法律。2013年《公司法》是印度议会监管企业的一项法案，要求每个企业在其注册总部保存并维护账簿和相关文件以及每个财政年度的财务报表，真实、公允地反映企业（包括其分支机构和其他办事处）的状况。1961年《所得税法》、2013年《公司法》和2017年《商品及服务税法》要求企业保存账簿，包括凭证和收据。但是在这三项法律中，规定的账簿保存、保管期限和强制要求各不相同。根据2015年印度证券交易委员会（SEBI）第30（8）条［上市义务和披露要求（LODR）］，企业必须制定档案政策，以披露企业所有重大事件和信息。每个股票上市实体都必须向证券交易所披露企业董事会认为重要的任何事件或信息，且此类披露必须在上市企业网站上发布至少5年，并在此后根据企业网站上披露的档案政策发布。

印度没有企业档案管理的国家战略。除企业之外，还可以在公共和私人档案馆、图书馆和相关机构馆藏中找到企业档案。目前，印度没有公司向企业提供商业性档案存储服务，但有一些支持企业档案发展的机构。

目前，印度没有正式的企业档案工作者协会。国家档案馆档案研究学院提供为期一年的档案和文件管理文凭课程，以及档案管理、文件管理、翻印、文件保管及文件服务和修复（次专业级别）的短期证书课程。课程总体教学大纲引入了一个企业档案管理的单元，但主要重点仍是公共档案管理。此外，印度还有一些机构和大学提供档案保存、档案研究、档案及文献管理、档案科学和手稿学等研究生课程。很多学院也通过其历史系提供档案科学课程单元。目前，英迪拉·甘地国家艺术中心（IGNCA）、奥斯曼尼亚大学、喀拉拉邦遗产协会、贾达夫布尔大学等提供正规的全日制课程。

8.3.3 中国港澳地区

香港没有颁布《档案法》，通过制定《档案管理指引》对公共档案管理进行规定。香港特别行政区政府档案管理的范畴只限于政府在公务活动中产生的公共档案。档案工作采用随时归档的方式，更注重细节和实用。在香港，企业档案的规定分散在相关专门的法律中。

澳门于1989年颁布了《关于澳门地区历史档案制度的一般基础事宜》，该法律相当于澳门的档案法，其中对于档案概念的认定是：由公或私机构或个人或集体于从事本身活动中经任何形式制作及接收的，并为澳门公共行政当局暨政府机构的活动服务，保障法定权力及为学术、历史和知识发展作出贡献的一系列文件。除公共档案之外，澳门还将具有公共利益的私人档案纳入法律规定，禁止销毁经过分类的属私有财产且具历史价值的文件。

8.4 大洋洲企业档案管理

澳大利亚是档案事业发展水平较高的国家，在大洋洲处于绝对的领先地位，在电子文件管理和研究方面走在了世界前列。澳大利亚档案事业管理处于分散状态，国家档案馆与各州档案馆之间互不统属。澳大利亚要求企业将与自身经营相关的记录和文件妥善保存，对企业保存记录的范围、形式、保管时间、个人信息隐私和安全等在相关法律中进行了明确规定并在政府网站上提供了指引。

澳大利亚联邦政府和各州政府都制订了各自管辖范围内有关档案的公共立法。在澳大利亚法律体系中，没有关于私人档案以及企业档案的专门法律法规。如果企业被"国有化"或公共部门被"私有化"，它们的档案可能被移交给州立和联邦档案馆。针对捐赠或将文化材料存放在经认可的机构（如澳大利亚国家图书馆或六个州立图书馆的手稿收藏馆），法律规定了税收激励措施。如果企业档案符合法律规定的"文化材料"的定义，这项立法就适用于相关企业。公司监管和税收管理有关的法律条款，对相关文件的创建和保管作出了规定。但是这些条款并不具体涉及私人文件的保管，只是详细规定了对文件创建和保管期限的要求。由文件创建者决定文件的最终处置，即将文件归档还是销毁。

澳大利亚没有制定有关企业档案的国家战略或政策。澳大利亚档案工作者协会（ASA）是澳大利亚档案工作者的顶级专业协会。该协会代表档案工作者和档案行业进行宣传，力图提升档案和文件的价值，并为最佳实践标准和服务提供支持。会员的主要权益包括：参加专业活动的机会，包括分会和特别兴趣小组会议、研讨班、讲座和 ASA 年度会议；接收每月电子时事通信和协会学报《档案和手稿》；参加电子学习课程。该协会设有一个企业、劳工和企业档案特别兴趣小组，为企业档案工作者提供支持。澳大利亚档案和文件管理委员会由澳大利亚联邦、新西兰以及澳大利亚各州和领地的政府档案局负责人组成，是澳大利亚和新西兰政府档案和文件行业的最高机构。委员会成员仅限于澳大利亚和新西兰的政府档案局。管理小组和工作组的成员来自成员国政府档案馆，这些档案馆通常保存国有企业和私有化政府机构的档案。

澳大利亚没有专门针对企业档案工作者的职业资格培训。企业档案工作者可以参加大学提供的档案和文件保存通用课程，这些课程可能包含企业档案模块或要素。目前，查尔斯特大学、科廷科技大学、莫纳什大学和南澳大学提供澳大利亚档案工作者协会认证的课程。企业档案工作者发展机会较少，澳大利亚档案工作者协会的年度会议可能会举行与企业档案有关的专门会议。

8.5　非洲企业档案管理

受大多数国家独立时间较晚、经济和文化水平滞后、殖民化色彩浓厚等多种因素的影响，非洲档案事业发展整体水平较低，各国的发展也很不平衡。同时，因为殖民统治留下的烙印，非洲各国档案事业具有明显的欧洲化特点。其中，受英国、法国的影响最大，非洲各国的档案事业管理体制主要有集中式和分散式。阿尔及利亚、塞内加尔等属于法语国家，采用与法国类似的集中制。尼日利亚、加纳、坦桑尼亚等英语国家，采用了类似英国的分散式管理体制。非洲各国尚未发现有正式的企业档案国家战略或政策以及专门涉及企业档案或私人档案的法律。

综合来看，目前绝大多数境外国家或地区都颁布了《档案法》等法律，但这些法律一般针对公共档案，鲜有针对企业档案管理的专项法规。有关企业档案管理的条款分散于所在国或地区的投资法、公司法、合同法、对外贸易法、海关法、专利法、税法、环境保护法、劳动法、反垄断法、建筑法等专业法律中，这类条款中往往使用"文件""记录""数据""信息""档案"等术语，境外企业需要进行梳理汇总、分析甄别，制定企业管理制度，严格遵守法律规定进行档案管理，避免违规风险，保护自身权益。

第 9 章 案 例

中国电建集团海外投资有限公司境外投资项目"三维四层"档案管理体系的构建与实施

"一带一路"倡议为中国企业"走出去"设立企业、投资项目带来了前所未有的机遇。中国电建集团海外投资有限公司（以下简称"电建海投公司"或"公司"）成立于 2012 年 7 月，是中国电建专业从事境外投资业务的法人主体，注册资本金 54.1 亿元。电建海投公司通过投资带动境外承包业务发展，是中国电建调整结构、转型升级、引领国际业务优先发展的重要平台与载体。公司主要经营境外电力能源项目投资业务，包括：水电、火电、风电、光伏等境外电力能源项目的投资开发、施工建设与运营管理。目前，电建海投公司在 16 个国家和地区设有各层级全资及控股子公司 36 个、5 个参股公司和 1 个代表处，在老挝、柬埔寨、尼泊尔、巴基斯坦、印度尼西亚、孟加拉国、澳大利亚、缅甸、刚果（金）、波黑等 13 个国家有 9 个投产项目、4 个在建项目、总装机容量超过 400 万 kW，年发电量超过 100 亿 kW·h。

随着境外投资版图的快速拓展及国际化经营的迅猛发展，随之产生的档案数量呈几何倍数增长，档案来源越来越复杂、内容越来越丰富、形式种类越来越多样，加强境外档案管理的重要性及紧迫性日益凸显。如何立足于境外项目档案的差异性、特殊性，系统性地做好境外档案管理，是公司面临的新挑战。

一、境外投资项目"三维四层"档案管理体系构建与实施的背景
（一）服务公司生产经营，保障境外投资高质量发展

档案作为具有保存价值的信息记录，是公司核心信息资源和重要知识资产。

通过查证、参考、利用档案信息，能有效服务于公司生产经营，为境外投资高质量发展提供保障。在项目开发期，档案可以为公司科学决策提供有价值的参考信息和重要依据；在项目运营期，档案是项目运行、维护、检修、改造、扩建等工作的可靠依据；在项目出售转让、股权调整、项目移交等重要活动中，档案在作为项目资产重要组成部分的同时，可以充分证明项目质量的符合性、各项技术的先进性等指标，有效维护境外国有资本保值增值。

（二）满足风险内控要求，维护企业境外投资合法权益的需要

境外投资是一种跨区域、跨体制、跨文化的投资行为，具有投资金额大、投资周期长、利益相关方多等特点，这使得境外投资项目存在诸多不确定因素、偶发因素，面临风险纷繁复杂，对公司内控、风险、合规管理提出较高要求。

档案是公司境外投资直接形成的记录，具有原始记录性和真实性的特点，直接记录和证明公司各项境外投资业务是否合法合规开展。国内及所在国对项目的审计、检查及资产监管需要真实、完整、准确的档案作为"可追溯""可验证"的基础条件和重要工具。境外投资项目在投资、建设、运营全生命周期内，形成了大量涉及所在国政府批复、土地征用、移民安置、节能环保等证明项目合法性的档案。同时投资回报、商业协议等保证项目收益相关的重要档案也与日俱增。档案作为原始凭证，是法律诉讼、争端处理、权属确认、责任区分等活动的重要凭据，可以有效减少法律纠纷，维护企业声誉和合法权益。

（三）适应境外档案特点，提升境外档案管理水平的需要

由于处于境外动荡政治环境、复杂法律环境、多元文化环境及偏远地理环境，境外档案管理面临着机制制度不健全、基础配套设施不全、专业人员缺乏、工作条件有限等诸多不利因素。同时，境外投资项目的差异性，导致境外档案有着来源广泛、保管分散、语言多样、管理灵活等特殊性。由于境外投资项目档案管理缺乏成熟的模式和经验，公司面临着境外档案失控无序导致资产损失、商业秘密外泄的风险，提升境外档案管理水平的重要性及紧迫性日益凸显。

二、境外投资项目"三维四层"档案管理体系的内涵和主要做法

电建海投公司通过总结境外投资项目档案管理规律和特点，明确了境外档案管理工作目标和主线，构建了"三维四层"管理体系，具体如图1所示。

三维：以"档案管理阶段"为X轴、"档案类别"为Y轴、"投资项目生命周期"为Z轴架构的三维坐标。档案管理阶段维分为创建、收集、整理、归档、保管、利用、处置七个阶段。档案类别维包括文书档案、会计档案、项目档案、

第 9 章 案例

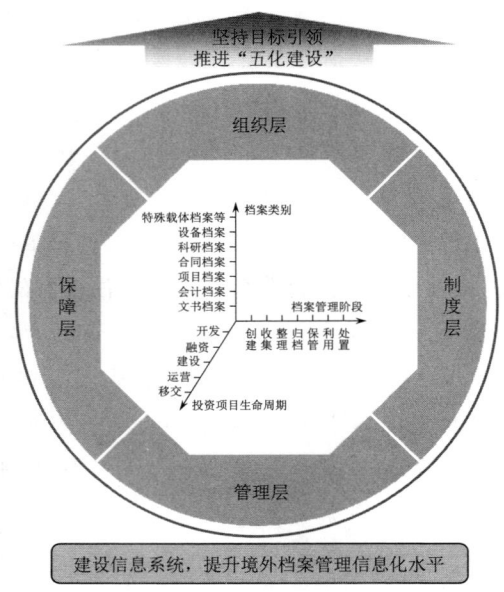

图 1 境外投资项目"三维四层"档案管理体系框架

合同档案、科研档案、设备档案、特殊载体档案等。投资项目生命周期维分为项目开发、融资、建设、运营、移交五个阶段。通过"三维"模型直观展示境外投资项目档案业务工作内容,为系统化开展境外档案管理定义了完整的管理对象和框架。

四层:围绕"三维"境外档案业务框架,实施组织层、制度层、管理层、保障层"四层"档案管控体系。"组织层"通过顶层设计,建立"两级平台,三级管控"(国内公司总部、境外项目公司两级档案管理平台,实现国内公司总部对总部各部门及境外项目公司、境外项目公司对其各部门及承包商、各承包商对分包商三级管控)的组织体系;"制度层"通过编制制度范本,健全"所在国优先"的境外档案管理制度体系;"管理层"通过实施全程管理,确保境外档案管理"四个全覆盖"(项目阶段全覆盖、档案类型全覆盖、档案业务流程全覆盖、项目参与方全覆盖);"保障层"通过采取保障措施,实现档案管理体系有效落地。

通过在国内总部、境外项目公司实施档案信息系统建设,将"三维四层"管理体系的管理内容、主要流程嵌入到信息系统,促进境外项目档案实现规范、高效管理。

(一)坚持目标引领,明确境外档案管理"五化建设"主线

围绕"打造四大海外平台"(即将公司打造为中国电建集团重要的海外投资平台、海外融资平台、海外资产运营管理平台、全产业链升级引领平台)的战略方针,电建海投公司明确了境外档案工作目标,即建立公司境外档案全宗,确保各类档案收集齐全、系统有效、安全保管、开发利用,实现档案信息资源的集成和共享,为公司境外投资和生产运营提供系统有效的档案信息服务。

为实现这一目标,公司制定了境外档案管理工作主线:持续探索境外档案管理规律,推进"五化建设"即管理制度化、业务流程化、工作标准化、管理信息化、价值最大化。境外档案管理一切工作围绕主线开展。

(二)开展顶层设计,建立"两级平台,三级管控"组织体系

为保障境外投资项目档案管理措施的有效落地,电建海投公司建立了"两级平台,三级管控"的境外档案管理组织体系。具体如图2所示。

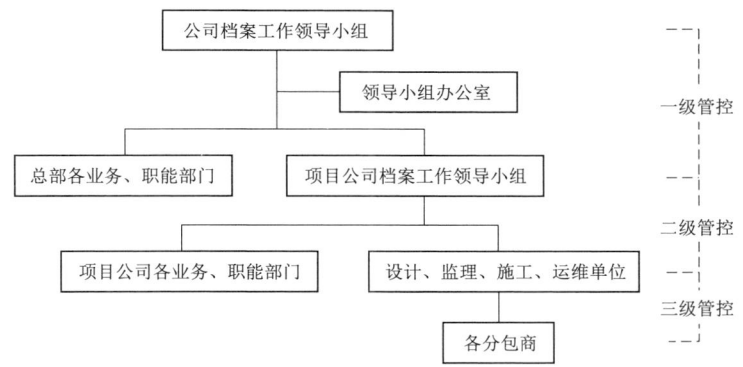

图2 境外档案管理组织体系

在国内公司总部、境外项目公司两个层面,分别搭建档案管理工作平台,形成三级管控体系。在公司总部成立档案工作领导小组,组长由公司总工程师担任,成员包括总部各部门负责人及各子公司负责人。档案工作领导小组下设办公室:档案工作办公室设在办公室/董事会办公室,在领导小组的指导下开展日常工作。具体负责:制订境外档案工作发展规划和年度工作计划,并组织实施;制定境外档案工作制度;建立境外档案管理体制和工作机制;监督、检查、指导、考核和奖惩各单位境外档案工作;组织境外档案业务培训、宣传、交流和研讨;对组织验收的境外项目进行档案专项验收。

境外项目公司以投资方为引领,充分发挥中国电建全产业链优势,组织成

立项目档案工作领导小组。在建设期，依托业主、设计、监理、施工"四位一体"建设管理组织管控模式，以合同约束为前提，加强境外档案集成管理、资源共享、合作共赢，做好工程竣工文件移交；在运营期，依托业主方与委托运维单位"两位一体"运营管理组织管控模式，以委托运维合同为基础，构建一体化的管控流程、缩短管理链条，推进项目运营档案工作。境外项目公司主要负责：制定境外文件材料归档和档案管理制度，编制境外档案工作年度工作计划，并组织实施；建立、完善境外档案管理体制和工作机制；境外档案的收集、保管、统计、利用及鉴定处置；开展境外档案信息化建设；对需要进行验收的境外项目做好验收准备工作；按规定向相关方移交档案，将归属单位的重要档案运回国内并移交公司总部。

同时，公司实施项目管理"介入式服务管理"，要求主要承包商建立对其国内外分包商档案管理的管控体系，落实业主方档案管理要求。

（三）编制标准范本，健全"所在国优先"境外档案制度体系

鉴于境外项目档案人员数量有限、兼职较多的情况，为推进项目公司档案管理工作质量，尽快建立健全境外项目档案管理制度体系，电建海投公司总部在制定总部境外档案管理制度体系的同时，组织编制一套境外项目公司档案管理制度范本，境外项目公司在"所在国优先"的原则下，以合同为基础，在公司制度范本的基础上适应性地修订，按照职责明确、流程清晰、适用灵活、要求具体的原则，建立项目公司档案管理制度和业务规范体系，从而使各类型境外档案的形成、收集、整编、利用等各个环节有章可循、有据可查。

（四）实施全程管理，确保境外档案管理"四个全覆盖"

境外档案管理工作贯穿投资项目始终，电建海投公司将档案工作纳入项目全生命周期管理，实施全过程管理，实现"项目阶段全覆盖、档案类型全覆盖、档案业务流程全覆盖、项目参与方全覆盖"。

1. 以档案专项验收为导向，加强境外项目档案管控

公司实施以档案专项验收为导向的境外投资项目档案管理（图3），坚持"事先介入、事中控制、事后验收"理念，做好过程管控，确保项目档案完整、准确、系统、规范。

事先介入阶段，一是在法律环境尽职调查中关注是否有档案管理相关法律条款，加强对东道国法律风险的防范。如在印度尼西亚，合同需要以印尼文书写。二是档案人员参与合同审查工作，重点审查合同中档案有关章节和条款，

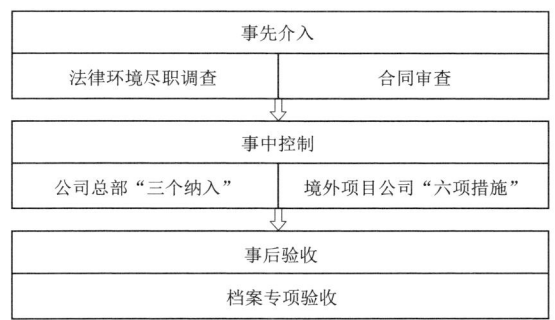

图 3 以档案专项验收为导向的境外投资项目档案管理流程

确保合同中关于档案条款的完整性、适用性。同时，在合同中将档案管理纳入履约考核，作为合同款支付的前置条件，纳入签字审批流程。

事中控制阶段，公司总部落实"服务、指导、监管"六字工作方针，对境外项目档案管理实施"三个纳入"：一是纳入各境外项目公司年度经营业绩考核及总部各部门平衡计分卡考核指标，与奖金挂钩；二是纳入对境外项目公司的审计事项，检查重点档案的归档情况；三是纳入公司评优奖励体系，每两年开展档案工作先进单位（部门）、先进个人的评选，给予奖励。境外项目公司实施"六项措施"：一是召开档案工作年度会议，总结部署年度重点任务；二是制订档案工作计划，落实管理责任，在项目建设后期，组织编制档案专项移交计划，配置资源，推进落实；三是依托项目档案工作领导小组，建立档案工作定期协调会议机制，协调解决工作中出现的问题；四是定期开展专项检查考核，编制检查报告，确保档案质量，实现闭环管理；五是对参建方及项目公司相关部门开展档案管理考核，考核结果与奖金挂钩；六是组织有针对性的业务培训。

事后验收阶段，以制度形式将档案专项验收作为境外投资项目竣工验收的重要组成部分和前置条件。通过组织档案专项验收对境外档案管理体制、管理制度、档案质量等进行检验，巩固"事先介入、事中控制"的实施效果。

2. 紧抓关键节点交接，保证各阶段无缝衔接

面对境外投资项目周期长，国内、国外参与方多，档案来源和内容广泛，档案运动路径复杂的客观情况，电建海投公司通过控制关键节点交接，作为落实境外档案全程管理的切入点和突破口。共设置了投资阶段向建设阶段交接、建设阶段向运营阶段交接、运营阶段向东道国政府交接、参建单位向项目公司交接、运维单位向项目公司交接、项目公司各部门向档案部门交接 6 个关键节点交接制度。

投资阶段向建设阶段交接：在海外投资项目主协议签署后三个月内，项目公司管理团队完成组建，项目开发部门牵头组织完成资料文件的汇总、清单编制、管理和移交，编写交接手册，实现投资阶段向建设阶段的移交。

建设阶段向运营阶段交接：海外投资项目通过合同工程完工验收后三个月内，由建设管理部牵头完成资料文件收集汇总、管理、移交和项目档案清单的交接，办公室组织编制交接手册中的档案篇。

运营阶段向东道国政府交接：根据项目开发协议，在运营期满之后，运营管理部及项目公司运营团队按照项目投资主协议约定的项目移交形式、移交内容和移交标准等向东道国政府开展档案移交，同时向公司总部移交相关档案。

参建单位向项目公司交接：按照合同制定的分步移交要求，开展各类型档案的分步移交，所有档案在实体工程竣工，机组满负荷运行168小时后3个月内完成向项目公司的交接。

运维单位向项目公司交接：运维单位按年度向项目公司交接机组运维有关档案。

项目公司各部门向档案部门交接：各部门按照档案归档制度的要求，实时或按年度向档案部门或档案工作人员归档办理完毕的相关文件。

3. 制定管控关键要素，落实清单式管理

电建海投公司制定了"三大类、十二项"境外投资项目档案管理关键要素（表1），通过紧抓"要素管控"，抓住境外档案管理的关键，指导境外项目公司档案全过程管理。

表1　　　　　　　　　境外投资项目档案管理关键要素

序号	关键要素	主要内容
1	档案工作保障体系	项目公司总经理认真履行对档案负总责的职责，在管理机构、人员配备、制度建设、明确职责、经费保障和设备设施配备等方面，为档案工作的开展创造较好的条件，保障项目档案工作的顺利进行
1.1	组织保障	明确有档案工作的分管领导
		明确有档案工作机构或部门，并配有专兼职档案管理人员
		建立了由项目总经理负责、各参建单位或运维单位组成的档案管理网络，并明确相关责任人

续表

序号	关键要素	主要内容
1.2	制度保障	按"集中统一管理"的原则,建立了适应所在国或地区要求的档案管理制度或办法,明确规定了各责任单位的职责与任务,并有相应的控制措施
		制订项目文件材料的归档范围和保管期限表
		制订较实用的档案分类方案和整编细则等用于档案整编的相关制度或工作规范
		制定档案接收、保管、利用、安全及统计等内部工作制度
1.3	经费保障	项目公司将档案工作所需的各项业务经费,列入工程总概算或公司年度经费预算,经费能满足档案工作的需要
1.4	设备设施保障	有符合安全保管条件的专用档案库房或档案柜(视项目规模)
		办公与库房的设备设施及档案装具能满足工作和安全需要
1.5	各项管理制度或措施的贯彻落实与实施情况	签订有关合同协议时,同时提出归档要求
		项目公司对设计、施工、监理等参建单位或运维单位的档案收集、整理工作进行监督指导
		档案部门或档案人员对本单位各业务部门或所属分支机构的档案收集、整理、归档工作进行监督指导
		纳入质量管理程序
2	应归档文件质量与移交归档	应归档文件材料的内容已达到完整、准确、系统;形式已满足字迹清楚、图样清晰、图表整洁、标注清楚、图纸折叠规范、签字手续完备;归档手续、时间与档案移交符合要求
2.1	文件材料的系统性	分类科学。依据项目档案分类方案,归类准确,每类文件材料的脉络清晰,各类文件材料之间的关系明确
		组卷合理。遵循文件材料的形成规律,保持文件之间的有机联系,组成的案卷能反映相应的主题,且薄厚适中、便于保管和利用
		排列有序。相同内容或关系密切的文件按重要程度或时间顺序排列在相关案卷中,反映同一主题或专题的案卷相对集中排列
2.2	文件材料的完整性	项目立项文件、设计文件、项目准备文件、项目管理文件、施工文件、安装文件、竣工图、监理文件、调试试运、竣工及验收文件、设备仪器文件、声像材料、电子文件材料、生产技术准备、科研项目文件材料、会计档案、文书档案、合同档案等收集完整
2.3	文件材料的准确性	反映同一问题的不同文件材料内容应一致;竣工图编制规范,签字手续完备;归档材料应字迹清晰,图表整洁,审核签字手续完备;案卷题名、卷内目录、备考表编制规范;图纸折叠、案卷装订规范

续表

序号	关键要素	主 要 内 容
2.4	归档与移交	归档：项目公司各职能部门和相关技术人员能按要求将其经办的应归档的文件材料进行整理、归档
		施工单位或总承包单位移交的档案经监理单位审核并手续齐全
		移交：各参建单位或运维单位向项目公司移交了相关档案，并认真履行了交接手续
3	档案接收后管理	档案保管安全、有序，为生产经营工作提供了较好的服务，按计划开展档案信息系统建设及档案数字化工作
3.1	档案保管、运回、统计	档案柜架标识清楚、排列整齐、间距合理；馆（室）藏档案种类、数量清楚，并按期报送有关档案年报
		定期对档案保管状况进行检查，落实库房防火、防盗、防光、防水、防潮、防虫、防尘、防高温等措施，确保档案安全
		制订重要档案运回国内方案及档案安全应急预案。及时更新档案统计台账，并年度检查
3.2	档案利用	有2种以上检索工具、开展多种形式的档案利用工作
3.3	档案信息化	按计划开展档案信息系统建设，开展档案信息化工作，建有档案案卷级目录、文件级目录数据库，对重要档案进行数字化，对归档的电子文件进行有效管理

（五）采取保障措施，实现境外档案管理体系有效落地

1. 坚持人员培养，加强队伍建设

境外投资项目的特殊性，使其对档案管理人员有着更高的专业技术、管理技能和语言的要求。公司坚持"专业的人做专业的事"的管理理念，在总部和境外重点项目配置了具有较强专业背景和工作经验的专职档案人员。在档案兼职人员的选用上，坚持"以档案工作为主"的原则进行配置。通过组织上岗培训、业务提升培训、总部人员到项目"驻点服务"、项目人员到总部"以干代培"、线下培训与线上培训相结合等多种方式，公司不断提升档案人员的理论知识和业务技能，打造了一支专业性较强的境外档案人才队伍。

2. 坚持经费投入，提供物质保障

电建海投公司将档案工作所需的各项业务经费，列入公司总部、项目公司年度经费预算，以满足档案工作的资金需要。境外项目公司根据项目实际，建立档案专用库房，配置灭火器、温湿度控制设备、铁皮柜、专用档案盒等设备设施及档案装具,提升境外档案工作的硬件环境,满足档案安全保管的需要。同时,配置扫描仪、复印机、光盘刻录机等工作设备,完善档案工作基础设施建设,为档案工作正常开展提供充分的物质保障。

3. 坚持培训宣传,强化全员意识

公司持续开展业务指导培训,结合管理制度和业务规范,编制培训材料,定期开展培训,做好档案工作交底;项目公司深入各参建单位的一线现场档案室,采取面对面讲解、手把手示范等方式指导参建单位人员做好项目档案管理工作;开展《常见问题案例汇编》《项目档案质量检查清单》等经验反馈培训。多措并举,提升档案质量,提升业务人员文件、档案技能水平。

通过组织开展多种形式的档案宣传工作,如档案知识竞赛、"国际档案日"宣传、档案海报、微信推文等方式,提升领导层、业务人员和档案人员的档案证据意识、资产意识和风险意识,形成公司档案文化。

4. 坚持复盘创新,实现螺旋上升

在境外档案管理实践中,积极利用复盘方法论,对重点项目、重要节点、典型事例进行复盘,通过在复盘中回顾目标、评估结果,找出档案管理工作的亮点及不足,分析问题及其产生原因,总结经验,编制复盘报告并交流共享。按照实践-复盘-再实践的路径,加以改进应用到下一个项目,避免犯重复性错误、少走弯路,持续提升境外档案管理水平。

公司在境外档案管理实践中深入开展管理创新活动,探索境外档案管理规律,利用规律,融入新理念,遵循PDCA戴明管理模式,不断创新境外档案管理,实现管理能力螺旋上升。

(六)建设信息系统,提升境外档案管理信息化水平

公司将信息化作为提升境外档案管理效能和水平的重要工具和基础,将档案信息化建设纳入信息化建设总体规划,全面推进档案信息化建设,积极应对现代信息技术广泛应用给境外档案管理带来的机遇和挑战。

在项目信息化系统(PRP)中开发文档管理模块,实现项目管理资料数据的归档管理,实现文档分类、资料上传、版本控制、资料查询功能。利用系统绩效考核模块,实现对公司总部各部门平衡计分卡、境外项目公司年度经营绩效考核中档案管理指标考核的闭环管理,推动考核的执行和落地。

积极推进境外项目公司开发、部署档案管理信息系统管理项目全部电子档案,配置档案案卷级目录、文件级目录数据库,实现接收登记、分类组织、鉴定处置、权限控制、检索利用、安全备份、统计打印、移交输出、系统管理等功能。通过档案管理系统，整合档案信息资源，使档案信息资源得到有效的开发利用，实现资源数字化、服务网络化的目标。同时，组织对重要及利用率较高的境外纸质档案进行数字化，确保重要档案信息的安全可利用。

三、境外投资项目"三维四层"档案管理体系的实施效果

（一）经济效益显著，有效保障公司高质量发展

"三维四层"档案管理体系的有效实施为公司境外投资的高质量发展提供了可靠的信息资源保障。公司围绕集团全球化发展战略，坚持"水火风光并进"，加快谋篇布局，成功开拓新市场，扎实落地重大项目，质量效益持续提升。"十三五"期间，公司累计实现"八投产、七签约、四开工、三发债"等重大目标。公司成立9年来，主要经济指标连续8年实现两位数以上增长，连续8年超额完成生产经营任务，净利润保持稳健增长，为中国电建集团发展作出了重要贡献。公司发展基础逐渐稳固，竞争能力日益增强，跨入高质量发展新阶段。

（二）管理效益凸显，助力公司国际竞争力提升

档案管理工作为公司持续锤炼投资开发、项目融资、建设管理、运营管理、资源整合、风险管控"六大核心能力"提供了有效支撑，管理效益凸显，彰显了公司专业、严谨的良好品牌形象，提升了企业美誉度。同时，在激烈的境外投资市场竞争中，档案为公司提升国际竞争力提供了重要的信息资源平台。通过对档案信息的保管、挖掘、利用及宣传，可以有效彰显公司海外投资能力和实力，形成外部吸引力。公司先后荣获全国五一劳动奖状、全国国有企业管理创新成果一等奖、国家优质投资项目奖等100余项集团及省部级以上荣誉和成果。

（三）管理模式得到推广，推动"走出去"企业境外档案管理水平的提升

"三维四层"档案管理体系贯穿于公司境外投资项目全过程，为投资项目档案全生命周期管理保驾护航，实现了项目开发到项目移交各阶段、文件创建到处置各流程、文书档案到特殊载体档案各类型的有效管理。公司形成"总部＋境外子公司"境外档案资源库，实现了档案同步收集和集中统一管理，有效确保了境外档案的完整、准确、系统和安全。公司境外档案管理制度化、业务流程化、工作标准化、管理信息化、价值最大化水平持续提升，档案管理工作、创新成果、质量管理小组活动成果、复盘管理成果多次获得行业、集团和公司荣誉表彰。

附录 A　企业境外档案管理办法

档发〔2018〕13 号

第一章　总　　则

第一条　为规范企业境外档案管理，维护国家利益和企业合法权益，满足境外资产监管需要，根据《中华人民共和国档案法》和有关法律法规，制定本办法。

第二条　本办法适用于中华人民共和国境内企业作为投资主体或母公司在境外设立的全资企业、控股企业、项目部、办事机构等（以下统称境外单位）的档案工作。

第三条　本办法所称的境外档案是指境外单位在研发、生产、经营、管理或项目合作等活动中形成的，具有保存价值的各种形式的文件材料。

第四条　境外档案工作应当在遵循所在国家或地区法律法规的基础上，本着有利于维护国家利益和企业合法权益、有利于工作、有利于保密、有利于应对突发事件的原则，以企业资产关系为纽带，实行统一领导、统一管理，确保境外档案完整、准确、有效、系统和安全。

第五条　投资主体或母公司在设立境外单位时应当在公司章程或协议中明确档案归属、流向、使用、移交等事项，确保中方权益。

第二章　管理职责与人员

第六条　各级档案行政管理部门根据职责负责境外档案工作的监督、指导；外交部和我驻外使领馆按照工作职责，结合实际情况，为境外档案的应急管理提供必要协助；国家商务主管部门、发展改革部门、国有资产监督管理部门应当将境外档案工作纳入境外投资、资产、合作项目管理内容；海关为境外档案出入境提供通关便利，境外档案出入境制度由国家档案局会同海关总署共同制定并实施。

第七条 投资主体或母公司负责本企业境外单位档案工作监督、指导。

第八条 境外档案工作应当有明确的分管领导、归口管理部门、专职档案人员。

第九条 境外档案工作主要内容：

（一）编制档案工作发展规划和年度工作计划。

（二）制定文件材料归档和档案管理制度。

（三）指导文件材料形成、积累、整理和归档工作。

（四）负责档案收集、整理、保管、鉴定、统计、利用和信息化等工作。

（五）组织档案宣传、培训、研究和业务交流工作。

（六）负责境外档案移交工作。

第十条 境外档案管理人员应当具备相应的档案专业知识和技能，定期接受档案业务培训；一般选用中方员工。

第十一条 境外单位工作人员有保护境外档案的责任和义务。岗位变动时，应当及时办理文件材料移交手续，并清退借阅未还的档案。

第三章 文件材料的形成与归档

第十二条 境外单位文件材料形成、积累、整理和移交工作应当纳入业务工作流程，纳入业务工作或项目计划，纳入业务部门职责范围和业务人员岗位责任制，纳入考核体系和奖惩制度。

第十三条 境外文件材料归档范围和保管期限表依据所在国家、地区及中华人民共和国法律法规，结合境外业务实际制定，并报投资主体或母公司审批。资本结构或主营业务发生较大变化的，应当及时修订完善。

第十四条 境外文件材料应当按照归档范围及时收集整理，按规定期限向档案部门移交进行集中管理。任何个人不得将应归档的文件材料据为己有或拒绝归档。

第十五条 归档文件材料应当符合如下要求：

（一）归档文件材料形成符合有关技术标准，完整、准确、系统，使用耐久、可靠的记录载体和记录方式。

（二）归档文件材料为原件；因故无原件的，将具有凭证作用的复制件归档并作出说明。

（三）电子文件与其元数据一并归档，文件格式符合电子文件归档和电子档案管理有关要求。

（四）非纸质文件与其文字说明一并归档；外文文件材料若有中文译文的，应当一并归档；没有中文译文的，译出标题和目录后归档。

（五）归档文件材料一般一式一份；重要的、利用频繁的和有专门需要的可适当增加份数。

第十六条 管理、建设项目、设备仪器、科研开发、产品及业务、会计、人事等各类文件材料，参照国内同类文件材料的归档时间并结合境外业务实际定期归档。

归档文件目录在归档完成后 1 个月内报投资主体或母公司备案。

第十七条 境外单位业务信息系统应当具备电子文件归档管理功能，符合电子档案管理要求。

第四章　境 外 档 案 管 理

第十八条 涉及企业资产与产权、商业秘密、债权债务等内容的档案应当列为重要档案，范围包括：

（一）境外单位设立、合并、分立、改制、上市、解散、破产或其他变动过程中形成的档案；境外单位董事会、监事会、股东会的构成、变更、召开会议、履行职责和维护权益等过程中形成的档案。

（二）境外单位资产和产权登记、评估与证明档案，资产和产权转让、买卖、抵押、租赁、许可、变更、保护等凭证性档案，对外投资形成的档案；境外单位资本金核算、确认、划转、变更等过程形成的档案，企业融资过程形成的档案；专利管理档案。

（三）在境外注册、获取的各种资格证书，企业准许在外经营的经营证照及失效证件原件或被收缴的复印件等经营权申报、审批形成的档案。

（四）境外单位关于重要问题的请示、报告、报表及其复函、批复，由有关单位制发的需境外单位办理的文件材料组成的重要档案；行业协会、中介机构等对本企业做出的重要决定、出具的审计、公证、裁定等档案；境外单位与其他组织和个人形成的重要合同、协议及补充协议等档案。

（五）会计档案。

（六）境外建设项目、设备仪器、科研开发、产品生产管理中产生的具有核心技术的档案。

（七）其他具有重要利用价值的档案。

第十九条 境外档案整理应当符合所在国家或地区的档案标准，无相关标准的参照中华人民共和国档案管理要求进行。

第二十条 境外档案应当建立机读目录，重要档案进行全文数字化，并定期做好备份。有条件的可应用电子档案管理信息系统。

第二十一条 境外档案统计应当及时准确，统计年报定期向投资主体或母公司报送。

第二十二条 境外档案利用应当按照利用制度，严格审批手续。

第二十三条 保管境外档案的库房或场所应当符合档案安全保管要求，配备必要的设施设备。重要档案单独排列或作出特殊标识。

境外单位住所地不具备档案安全保管条件的，应当将档案存放于就近的安全场所；无法达到上述要求的，将重要档案运回国内，交由投资主体或母公司保管。

上述条件都不具备的，应及时将档案进行数字化扫描，并将档案数字化扫描件移交国内投资主体或母公司保存。

第二十四条 境外档案保管期满时应当进行鉴定，并在鉴定意见书报投资主体或母公司审批同意后进行档案处置。对于失去继续保存价值的档案，在履行销毁审批程序后可就地销毁；销毁应当由2人以上负责监销，销毁清册永久保存；对仍有保存价值的档案，重新划定保管期限后继续保存。

境外工作任务结束后或境外单位撤销时，应当及时对档案进行鉴定。经鉴定需要销毁的，在履行销毁审批程序后可按规定就地销毁；需要继续保存的，向投资主体或母公司移交。

第二十五条 境外档案安全应急预案应当纳入境外安全应急管理体系并定期演练。档案安全受到威胁时，按照预案采取有效保护措施。

（一）设定档案避险场所，配备档案紧急转移和临时保管所需的装具、设施设备等。

（二）如发生战争、突发自然灾害等事件，严重危及境外单位安全且无法转移档案时，在确保人身安全的前提下对档案进行妥善处置，并及时将处置结果向投资主体或母公司报告。

（三）在紧急转移档案时按照"先重要、后一般"的顺序。应急程序一旦启动，迅速对重要档案装箱，按照指定路线转移至临时指定的安置场所。

（四）应急警报解除后，及时清点档案，并将档案损毁情况向投资主体或母公司报告。

第二十六条　投资主体或母公司组织验收的境外项目，应当进行档案验收。

第二十七条　发生收购、重组、兼并、出售、股权变更、退出市场或其他资产与产权变动，应当在有关合同或协议中设置档案处置相关条款，或专门签订档案处置协议，并按照合同、协议或参照有关规定确定档案处置方案，做好档案的接收和移交。

第二十八条　境外档案采用外包服务方式管理的应当严格审核承包方的信息安全服务资质和能力；签订外包合同或协议应当明确有关档案安全保管、信息保密和提供利用等方面的责任和约定条款，以保障境外档案的安全与利用。

严禁将涉及国家秘密的境外档案管理外包或委托任何社会中介机构保管。

第二十九条　运输、传输境外档案及其复制件应当加强安全和保密工作，确保档案完整、安全；传输电子档案和档案数字化扫描件采用加密方式进行。

第三十条　涉密境外档案管理按照有关规定执行。

第五章　奖励与责任追究

第三十一条　下列行为之一的，应当给予表彰或奖励：

（一）利用境外档案获得重大经济或社会效益，避免或挽回重大损失的；

（二）在突发事件中抢救、保护境外档案作出显著成绩的；

（三）在境外档案收集、保管、信息化等工作中作出突出贡献的；

（四）在同违反档案法律法规行为作斗争中表现突出的。

第三十二条　违反本规定造成损失的，按照有关规定追究相应责任。

第六章　附　　则

第三十三条　本办法由国家档案局负责解释。

第三十四条　本办法自2018年11月1日起施行。

附录 B 企业境外档案管理指南（初稿）

　　档案管理是企业活动、业务过程和信息系统的有机组成部分，企业可以通过档案提高业务有效性，加强问责、管控风险并保证业务连续性。相较国内企业，境外企业面临着尤为严苛的监管环境，而档案可以提供足够的证据证明该企业顺应了当地的监管要求，帮助企业规避风险。境外企业应当将档案资源作为企业资产进行管理，建立适应企业战略发展的档案管理体系，帮助企业应对外部环境带来的挑战。

　　档案管理体系的建立，必须全面考虑企业所处的社会、经济、文化、自然等各种因素。境外企业依据国内经验建设档案管理体系，很可能出现"水土不服"的状况。主要原因包括：境外国家的社会、文化、金融、技术、经济、自然等各方面因素与国内存在冲突；境外企业与当地政府、联合公司等外部利益相关方的关系更为复杂；境外企业与利益相关方持有的对档案管理的观念、价值观和期望值迥异；境外档案管理在法规遵从、标准适配等方面可能与国内矛盾；境外企业在资源调配、保管保障、安全应急、组建专业团队等方面能力受限；等等。

　　为在境外环境中维护我国国家利益和企业的合法权益，我国已于 2018 年出台《企业境外档案管理办法》，从国家档案行政管理部门、国内投资主体或母公司、境外单位等多角度对企业境外档案管理进行规范。但该办法规定较为原则，对于地处境外的企业而言，需要更加深入、具体、更具可操作性的文件予以指导。

　　本指南为适应上述需求，以《企业境外档案管理办法》为依据，总结部分境外档案工作做得较好企业的经验而制定。全文共 9 章，主要内容包括总则、管理职责、人员管理，制度体系建设的特点与构建，文件的形成、收集、整理，档案的保管、利用、统计、处置、信息化，应急管理和法律环境管理等。

1 总　　则

1.1 目的与意义

为指导境外企业规范开展档案管理工作，确保境外档案资产安全，维护国家利益和企业合法权益，加强国家档案资源体系建设，促进档案工作为各项工作服务，依据《企业境外档案管理办法》，编制本指南。

1.2 范围

本指南就境外企业开展档案管理工作的要求、步骤、方法等进行阐述，以供境外企业管理本企业档案和国内投资主体或母公司指导境外企业开展档案工作时参考。

1.3 适用对象

本指南适用于境外企业开展档案管理工作，主要适用于以下人员：

（1）境外企业负责人、专兼职档案人员、业务人员。

（2）国内投资主体或母公司负责境外档案业务指导人员。

1.4 术语与定义

本指南采用如下术语与定义。

1.4.1 境外企业是指中华人民共和国境内企业作为投资主体或母公司在境外设立的全资、控股企业。

1.4.2 境外档案是指境外企业在研发、生产、经营、管理或项目合作等活动中形成的，具有保存价值的各种形式的文件材料；是为适应国外文档一体化管理实践，将文件与档案视为同一事物的统称。

1.4.3 电子文件是指境外企业在履行其法定职责或处理事务过程中，通过计算机等电子设备形成、办理、传输和存储的数字格式的各种信息记录。

1.4.4 法律环境是指法律意识形态及其与之相适应的法律规范、法律制度、法律组织机构、法律设施所形成的有机整体，是对一个国家的法治形态和法制状况的统称。

1.5 管理原则

境外档案工作应当在遵循所在国（或地区，下同）法律法规的基础上，本着有利于维护国家利益和企业合法权益、有利于工作、有利于保密、有利于应对突发事件的原则，以企业资产关系为纽带，实行统一领导、统一管理，确保境外档案完整、准确、有效、系统和安全。

1.5.1 所在国优先原则

如所在国法律规定与我国法律规定一致，则贯彻落实双方法律规定。如二者存在冲突，则应分析其冲突是可协调的，还是不可协调的。

（1）在双方法律规定存在细节性冲突时，应遵从所在国法律规定。

（2）在双方法律规定存在根本性冲突时，应以遵从所在国法律规定为原则，通过法律、外交、技术等手段维护我国国家利益和企业权益。

1.5.2 分级管理原则

根据档案价值划分优先等级，价值高的档案优先等级也相对较高。境外档案管理过程中，应对优先等级高的档案予以重点关注。

1.5.3 业务集成原则

在任何情况下，境外企业文件的形成、捕获和档案管理应是业务活动的组成部分。

1.5.4 权威证据原则

具有真实性、完整性、可靠性和可用性特点的各种形式和载体的档案都可作为境外业务的权威证据。

1.5.5 业务风险综合分析原则

应基于境外业务、法律、监管和社会背景下的业务分析和风险评估，形成关于文件形成、捕获和档案管理的相关决策。

1.5.6 系统建设原则

用于管理境外档案的信息系统，应确保应用档案管控规则实施文件的形成、捕获与档案管理的流程，并满足既定档案管理要求的制度、职责、监管和评估。

2 管 理 职 责

2.1 企业负责人职责

（1）确保境外档案管理体系与企业的战略方向一致，将档案管理要求集成到企业业务活动过程中。

（2）为境外档案管理体系的建立、实施、维护和持续改进提供资源。

（3）宣传有效的档案管理体系的重要性，遵守档案管理体系的要求，确保境外档案管理体系达到预期目标，指导和支持境外档案管理体系的实施并持续改进。

（4）监督境外档案管理执行情况，及时解决境外档案应急管理中出现的重大问题。

（5）确保境外档案管理方针、制度等的传达和贯彻实施，并告知与企业存在业务关系的相关方。

（6）定义、分配档案管理岗位、职责和权力，适当分配档案管理职责到相应职能部门和层级，并列入职责说明。

2.2 档案部门职责

（1）制订境外企业文件归档和档案管理计划，以"所在国优先"为原则，制定境外企业文件归档和档案管理制度、流程和标准规范。

（2）负责境外档案收集、鉴定、整理、保管、统计、利用、处置和信息化等工作；建立并保持与国内档案业务指导部门日常工作联系，及时准确地统计境外档案，并将统计结果定期向国内投资主体或母公司报送。

（3）对境外企业各业务部门（包括各职能部门、各项目、机构等非档案部门）文件归档和档案管理工作进行业务指导与监督，推动将境外档案管理责任纳入各业务部门岗位职责和员工绩效管理。

（4）采用档案部门整理制的，档案部门负责收集、整理归档文件材料（注：按照国内惯例，档案整理应属于业务部门职责，但是考虑到境外企业档案管理在境外受到多方面条件所限，境外企业可采用档案部门整理制）。

（5）在境外配置适宜档案安全保管的场地、设备及保护设施，负责档案保管和保护工作。

（6）境外企业发生资产与产权变动（如企业重组、退出市场、兼并、出售、股份制改造、股份合作制、与外商合资、合作经营、承包、租赁等，下同）时，按照有关规定对境外档案进行处置。

（7）处理境外企业文件归档与档案管理中出现的各种问题，负责境外档案工作突发事件应急处置管理工作。

2.3 业务部门职责

（1）业务部门负责积累文件材料，并对归档文件的完整、准确、系统负责。

（2）采用业务部门整理制的，业务部门应设专兼职档案员，负责收集、整理归档文件材料并向档案部门移交。

（3）业务部门应当协助档案部门编制本部门形成的文件材料归档范围和档案保管期限表，以及与本部门业务有关的档案管理制度和标准规范。

（4）业务部门应参加由本部门形成的境外档案鉴定与销毁工作，并协助档案部门完成境外档案移交与应急处置工作。

3 人员管理

3.1 人员选聘及任用

3.1.1 境外档案管理专职人员应优先选择具有档案专业教育或工作背景、认同企业价值观、忠诚可靠的人员。

3.1.2 境外档案管理兼职人员应以档案工作为主要工作内容，综合考虑其他工作需求进行人员选聘。如选择业务节点关键岗位人员，需在明确其档案工作职责并经培训取得岗位资格后任用。

3.1.3 境外档案管理人员应有正式的任命文件，通过岗位说明书明确岗位目标、职责、考核指标、工作关系等，并在任用一周内签订保密协议和进行上岗培训。

3.2 人员考核

人员考核主要包括对境外企业负责人、专兼职档案人员、业务人员的考核。

3.2.1 对境外企业负责人的考核，可将境外档案管理情况纳入其年度述职报告、管理评价考核等。

3.2.2 对专兼职档案人员的考核应以本企业文件材料归档进度、质量和档案保管、提供利用服务等为重点。

3.2.3 对业务人员的考核，主要是对其职责范围内形成文件材料的收集和归档移交情况进行考核，考核结果宜与其业务开展情况一并纳入绩效管理。

3.3 人员培训与交流

3.3.1 境外企业应积极为境外档案人员参加继续教育提供资源和便利，利用面对面、远程视频等多种方式参加境内外有关单位组织的教育培训活动，不断提升档案人员素质。

对聘用的外籍档案人员，可组织其到国内投资主体或母公司以"以干代培"的方式学习档案管理知识和技能。

3.3.2 境外企业应在档案人员上岗前组织其参加档案岗位培训并取得资格证书，鼓励在岗档案人员参加档案系列职务任职资格评审并取得相应的任职资格。

3.3.3 业务人员入职或外派境外企业前，应将境外档案管理的相关要求纳入岗前培训，提升境外业务人员的档案意识和技能。培训内容包括境外档案的重要性及意义、文件形成质量要求、收集范围、整理和归档要求、应急管理要求等。

3.3.4 境外企业可利用中资企业商会、联合会等平台，加强与所在国其他中资企业档案工作交流与合作；积极参加所在国档案工作者学会、协会组织，交流探讨境外档案业务工作。

3.3.5 境外企业应保持档案人员的稳定性，并为档案人员提供职业发展通道。

4 制度建设

4.1 制度建设原则

档案管理制度是档案管理工作的基础和保障。境外企业应针对境外档案管理的特点和难点，围绕提升境外档案管理工作的效率和质量，建立责任明确、边界清晰、简明实用、操作性强的档案管理制度体系。

4.1.1 合法合规

制度内容应符合所在国法律法规的各项要求，以及我国有关法律法规、部门规章规定，规避境外档案管理违法违规风险。

4.1.2 科学完整

制度要具有规范性、指导性、严肃性和约束性，制度内容要全面、系统、完整。纵向覆盖文件自形成至销毁或永久保管的全生命周期管理，横向覆盖本企业形成的管理、产品、科研、会计等各类档案。

4.1.3 必要合理

制度要体现亟待解决问题的重要性、必要性和不可或缺性。重在管用，不在多寡。要符合境外档案管理的现实要求和实际情况，从执行的角度合理设置，避免制度过多难以操作。

4.1.4 规范精简

制度应起到规范境外档案管理的作用，对涉及境外档案管理的各种行为作出明确规范和要求，使境外档案工作有章可循、有法可依。制度规定应重点强调可利用性和可操作性，摒弃形式主义，简明、简化、实用，以获得最佳的工作秩序和管理效果。同一工作事项尽量在同一制度内规范，避免分散、交叉、重复。

4.2 制度体系的构建

境外企业应围绕"归什么、谁来归、何时归、怎么归"构建文件材料收集归档制度，遵循"重收集、简整理、保有序、强安全"的原则，建立档案管理制度体系。

4.2.1 境外档案管理制度应主要包括以下内容：

（1）制定的目的、依据和原则。

（2）管理事项、适用范围。

（3）归口管理部门、管理职责。

（4）主客体的权利、义务、责任，工作程序、流程、规范等。

（5）生效时间及其他。

具有严密工作流程的档案管理制度应绘制流程图。

4.2.2 境外档案管理制度编制语言一般为中文和所在国官方语言，并通过用语合规性审查。

4.2.3 编制境外档案管理制度的流程一般需经过所涉及业务部门及法律部门的审查，由企业主要负责人批准签发。必要时，可邀请专业机构进行审查。

4.2.4 境外企业应对制度的分发和变更进行控制，以保证使用正确版本。制度签发后，应分发至相关工作人员，并组织宣贯培训。

4.2.5 境外企业应每年组织制度评审，审查其适用性并制定修订计划，及时完成制度修订。

4.2.6 按照管控层次，可将境外档案管理制度划分为工作规章和制度标准两部分。

4.2.6.1 工作规章

工作规章作为引领境外档案工作的顶层文件，是境外企业开展档案工作的基本要求。主要内容包括境外档案工作原则及管理体制，文件的形成、积累与归档要求，档案收集、鉴定、整理、保管、统计、利用、处置与信息化要求，境外档案工作奖励与惩罚，解释权限等。

4.2.6.2 管理制度与标准规范

（1）境外文件材料归档制度。明确归档职责、归档范围、保管期限、归档时间、归档程序、归档质量要求、归档控制措施等。其中境外文件材料归档范围和档案保管期限表可作为本制度附件，也可单独形成标准规范。

（2）境外档案整理规范。明确档案整理原则、整理方法、装具要求等。

（3）境外档案保管保密制度。明确库房管理员职责、各门类档案保管条件、特殊载体档案保管条件、档案清点检查方法、档案进出库管理要求、库房管理要求、保密工作要求等。其中保密工作要求应特别明确档案形成者、管理者、利用者应承担的保密责任，可作为本制度的一部分，也可与其他保密规定一并作为独立制度建立。

（4）境外档案利用制度。明确提供档案利用的方式、方法，规定利用档案的权限、审批程序，提出利用档案的要求等。

（5）境外档案处置制度。分别对档案运回国内、档案到期鉴定销毁、跨机构移交等处置方式作出规定，明确处置工作的组织、职责、原则、方法、时间等要求。将档案运回国内还应明确运回路径、程序等。

（6）境外档案管理突发事件应急预案。境外企业应特别关注境外档案管理突发事件应急预案的制订。根据办公环境及所在国政治、自然环境等特点，结合实际制定。主要内容包括应急组织机构与职能、工作目标及原则、预防和预警、分级响应和处置、恢复和重建等。通过系统管理本地档案的境外企业，还应考虑将境外档案管理系统纳入应急预案，以确保电子档案信息安全。

（7）专门档案管理制度。根据境外形成文件材料的特点和实际需要编制建设项目档案、产品档案、科研档案、会计档案、人事档案、合同档案等档案管理制度，对其收集、整理、保管、利用等工作要求作出具体规定。

（8）其他制度或规范。档案统计、编研等其他档案管理制度一般在档案工作规章中作出规定，也可独立编制。境外企业还应结合实际，对档案工作考核、档案管理系统操作、特殊载体档案管理、纸质档案数字化等工作编制制度或规范。

4.2.7 仅制定专门的档案管理制度不能满足档案工作需要，还应将档案管理有关要求纳入企业岗位职责、考核制度、业务规范等。

4.2.8 为保证档案所有和利用权益，应将档案管理要求纳入有关合作协议、章程中，在与合作方签订协议和制定章程时，应明确档案归属、流向及我方档案利用权益。境外企业投资主体或母公司在审查合作协议、方案或章程时应同步审查档案管理方案。

5 文 件 归 档

5.1 文件形成与收集

5.1.1 文件形成时应使用耐久、可靠的记录载体和记录方式。

5.1.2 文件的收集应以文件材料归档范围和档案保管期限表为主要依据。

附录 B 企业境外档案管理指南（初稿）

境外企业应参照所在国有关规定和我国《企业文件材料归档范围和档案保管期限规定》（国家档案局令第 10 号）要求，进一步细化文件材料归档范围，宜按职能梳理和制订文件材料归档范围和档案保管期限表，表中可标识出档案归属方和重要档案范围。

5.1.3 业务人员应将办理完毕、属归档范围的文件材料及时交本部门兼职档案员或档案部门归档保存。任何个人不得将应归档的文件材料据为己有或拒绝归档。

规模较大、内部机构健全的境外企业可参照国内同类文件材料的收集归档要求实施，规模较小、人员较少的境外企业可由档案部门直接收集归档文件材料。

5.1.4 境外形成的各类文件材料应及时整理、随办随归。同一内容不同载体文件材料的归档时间应一致。

5.1.5 收集归档的文件材料应有汉译文，无译文的至少要译出文件标题。翻译时以不改变档案原貌为原则，可另附翻译页，篇幅较短且内容重要的文件材料应全文翻译。

5.1.6 境外企业如有需满足境内、外多个法人实体对档案保管需求的，宜按照需求数量形成多份文件材料。

收集文件材料的份数应由形成该文件的业务部门决定，可一式多份，以满足多方需要。

5.1.7 业务部门兼职档案员或档案部门应及时掌握人员岗位变动情况。发生变动时，需经业务部门兼职档案员或档案部门确认文件移交及借阅档案归还情况。

5.2 文件整理

5.2.1 整理依据

5.2.1.1 档案整理在"所在国优先"的原则下，对于所在国有强制性要求的，遵从其要求；所在国无强制性要求的，可按照国内标准整理。

有的国家不针对所有档案提出整理要求，只对个别类别档案，如会计档案，则该类档案整理应遵从其要求。

5.2.1.2 对于有第三方国家参与设立的境外企业或投资建设的项目，应按照所在国、第三方国家和我国的顺序确定整理标准。

5.2.1.3 对以合同、协议等形式约定文件整理或归档要求的，按其约定执行。

5.2.2 整理方式

鉴于境外档案工作环境的特殊性和境外业务法律追溯的重要性，执行我国档案整理标准的境外企业，特别是人员少、规模小的境外企业，可对以下整理环节进行调整和简化。

5.2.2.1 按件整理

除有特殊要求外，境外形成的管理、科技等各类文件材料均可按件进行整理，不再立卷。

5.2.2.2 保管期限设置

可将境外档案的保管期限划分为永久和30年。其中，重要档案的保管期限为永久，一般档案为30年。对有隐私保护相关规定的国家，保管期限应从其设置。

5.2.2.3 分类和排列

将各类文件材料按其必需的档案管理要素进行分类，尽量减少类目层级和设置。在分类方案的最低一级类目内，文件可按形成的先后顺序进行排列。

5.2.2.4 档号和标识

（1）根据简化后的分类方案和文件排列顺序编制档号。档号应具有唯一性、合理性、稳定性、扩充性。

（2）可采用"分类号（或项目号、阶段号等）—文件顺序号"的档号结构。其中，文件顺序号应根据实际需要设置适当的位数。

（3）取消对归档文件加盖并填写档号章的标识方式，可将档号统一标注于文件封套或首页空白处。

5.2.2.5 简化编目

可按类别、保管期限编制归档文件目录。有条件的企业应用档案管理系统进行著录，其他企业可应用电子表格软件生成电子目录。著录时，在保证文件题名及必要检索点数据详细、准确的前提下，可适当减少著录项。

6 档 案 管 理

6.1 保管

境外企业一般处于不稳定的外部环境，境外档案工作应对档案保管予以特别关注。

6.1.1 总体要求

6.1.1.1 境外企业应因地制宜地增加档案保管投入。如对常年地处高温、潮湿地带的保管场地，应有针对性地增配空调、抽湿机等降温降湿设备；对安全风险较大的保管场地，应增加便于档案转移的装具。

6.1.1.2　除有档案保管本地化要求的国家外，境外企业可将分属本企业、国为投资主体或母公司、所在国有关机构等不同归属和流向的档案选择分地点、分库、分位保管，并作出标识。

6.1.1.3　非涉及敏感信息的档案保管可选择有保管能力的其他中国企业档案机构或具备相应资质的档案中介机构进行委托管理，以弥补境外企业档案人员少、工作量大、保管条件差等不足。

6.1.2　等级划分

为便于管理，应将档案划分为特别重要、重要、一般等级别。

6.1.2.1　特别重要档案主要包括产生于境外的资质许可证、执照、不动产权证、合同协议、会计资料等，及其他具有重要凭证价值的境外资料。

6.1.2.2　境外企业内部产生的文件材料可划为一般档案。

6.1.2.3　除特别重要和一般等级外的档案可划为重要档案。

6.1.3　保管策略

6.1.3.1　保管境外档案的库房或场所应当符合档案安全保管要求，配备必要的设施设备。重要档案单独排列或作出特殊标识。

6.1.3.2　境外企业不具备档案安全保管条件的，应当将档案存放于就近的安全场所；无法达到上述要求的，将重要级以上的档案运回国内，交由投资主体或母公司保管。

6.1.3.3　上述条件都不具备的，应及时将档案进行数字化扫描，并将档案数字化扫描件移交国内投资主体或母公司保存。

6.1.4　场地要求

6.1.4.1　设计企业驻地时应对档案保管场所进行规划，尽量选择地质条件较好、远离自然灾害、远离易燃、易爆和污染源、远离非传统安全风险等级高的地区作为档案保管场地。根据境外企业规模大小，境外档案的保管应至少满足以下要求。

（1）员工人数达 100 人及以上的，境外档案保管应有专门的库房，保管要求参照国内执行。

（2）员工人数为 20 人及以上、不足 100 人的，境外档案保管应有类似库房的独立区域，具备基本的档案安全保管条件，配备必要的设施设备，由专人负

（3）员工人数不足 20 人的，境外档案保管应有专用柜具，由专人负责管理。

6.1.4.2 档案库房应具备防火、防盗、防光、防有害气体、防有害生物等基本防护功能，库房面积应至少满足未来三年境外档案增长的需要。

6.1.4.3 档案库房可设于办公场所内，如办公场所无法满足档案保管要求，也可选在办公场所以外的其他安全地点或周边安全国家（或地区）。

档案库房楼面均布活荷载标准值不应小于$5kN/m^2$，采用密集架的不应小于$12kN/m^2$。

6.1.4.4 驻非传统安全风险等级较高地区的境外企业应对档案库房进行加固，必要时可选择地下或山体的稳固空间作为临时保管场地。

6.1.5 设施设备

6.1.5.1 档案库房应配置温湿度监控设备、灭火器材、防光窗帘、防盗门窗等必要设施。根据需要可配置除尘器、消毒柜、去湿或加湿机、空气净化器等设备。

6.1.5.2 档案库房宜采用惰性气体、洁净气体、细水雾等灭火系统；无法达到上述要求的，也可使用喷水灭火系统。

6.1.5.3 档案柜架应牢固耐用，具有防火、防盗、防尘作用。

6.1.5.4 存储电子档案的磁性载体保管应满足电磁安全屏蔽要求，配置防磁柜等必要设备。

6.1.6 排架管理

6.1.6.1 档案人员应按照档案柜架排列走向和顺序依次编排列号、架柜号、格层号，绘制并明示档案柜架排列位置示意图。

6.1.6.2 境外档案排架应按照档案内容的重要性进行，自档案库房出入口起，先重要、后一般地排列档案。重要档案还需按照抢救优先、次优先的顺序进行集中排列并作出标识。

6.1.6.3 驻安全风险较大地段的企业宜将档案先装箱，再上架。架上按箱的先后次序排列，并将抢救优先级高的档案单独排列在便于抢救的出入口处。

抢救最优先的少量档案在确保安全的前提下，可单独保存于工作人员随拿随走处，以应对高风险地区的紧急突发事件。

6.1.7 库房管理

附录 B　企业境外档案管理指南（初稿）

6.1.7.1　严格档案出入库登记管理，档案出入库时，应对档案的完整性、原始性进行检查。

6.1.7.2　定时测记库房内温湿度并登记，采取相应措施将纸质档案库房温度控制为14～24℃，相对湿度控制为45％～60％。

特藏库、音像磁带库、胶片库等行列档案库的温湿度要求应符合下表要求。

库房名称		温度/℃	相对湿度/％
特藏库		14～20	45～55
音像磁带库		14～24	40～60
胶片库	拷贝片	14～24	40～60
	母片	14～15	35～45

6.1.7.3　档案库房钥匙至少配备三套，除档案人员外，还应将钥匙交由消防人员保管一套和放置于固定地点一套。固定地点宜采用可毁坏且不可恢复的密封措施，如加封条的玻璃箱。

6.1.7.4　库房安全巡视应至少每周一次，驻安全风险较大地段的企业对档案库房的安全巡视应每天一次。

6.1.7.5　定期检查库藏档案的保管状况，周期至少每半月一次，包括档案霉变、虫蛀、鼠咬等现象或潜在隐患，借阅归还情况等，并做好检查记录。

6.1.7.6　定期清点核对库藏档案，周期至少每半年一次。如有搬迁或突击性大规模利用档案后应及时清点，做到账实相符。库藏档案数量发生变化时，应记录说明。

6.2　利用

6.2.1　利用方式

可采用直接查阅、电话调阅、网上查阅等方式提供利用档案原件、复制件或电子档案。

6.2.2　利用权限与审批

境外档案利用应按照利用制度设置利用权限，对超越权限利用的档案应履行审批手续。除涉及敏感信息档案的利用外，境外档案利用的审批流程可适当简化，以提高利用效率。

6.3　编研

境外档案开发利用途径及其编研成果应更加多样化，可对所在国开展检查利用较频繁的档案进行编研，可对为满足第三方利用需求的档案进行编研，也可对其他常用的档案进行编研或汇集。

6.4 统计与报备

6.4.1 境外企业档案部门应及时、准确地填报本企业档案工作年报及有关统计报表，建立精确的档案统计台账。档案统计工作应保持连续性。

6.4.2 境外企业档案工作情况应每半年向国内投资主体或母公司报备一次。

6.5 处置

6.5.1 档案运回

6.5.1.1 境外企业应积极组织将境外形成的档案运回国内，特别是重要档案和所在国或邻近国家（或地区）无法长期安全保管的档案应及时运回国内。

6.5.1.2 运回时间

根据档案类型、数量及回国人员情况，确定按年、季、月或随时运回。

6.5.1.3 选定运回途径

档案运回途径可选择回国人员随身携带、机要交换、信函快递、大件物品空运、大宗货物陆运、货物海运等方式。

各种运回途径的特点及适用性比较见下表。

运回途径	费用	安全性	运输量	速度	主要适用对象
随身携带	低	中	小	快	抢救优先级较高的档案
机要交换	无	高	小	较慢	敏感信息档案
信函快递	高	中	小	较快	会计档案
大件物品空运	中	中	大	中	科技档案
大宗货物陆运	中	中	大	快	非敏感信息档案
货物海运	中	低	大	慢	非重要档案

6.5.1.4 运回流程

根据现有企业的经验，境外档案运回流程主要包括制订方案、清理、封装、报关、跟踪与核对等。

（1）准备

境外企业应结合实际选择不同的运回方式，有针对性地制定运回方案并向国内投资主体或母公司报备。方案内容包括划定运回范围，计划运回时间，明确运回工作负责人、各环节责任人、联系人等。

境外企业应加强与国内投资主体或母公司的联络，使其全面了解档案运回事项并做好接收准备。

境外企业宜对随身携带的档案履行交接登记手续，并与国内确认带回移交情况。

（2）清理

按照运回方案对档案进行清理，根据不同的运回方式分别集中排列、统计数量并登记造册。特别注意涉及敏感信息的档案，清理时应按照有关规定执行。

（3）封装

选择可封闭、大小适合并具有一定安全保护作用的箱体作为运回装具。按照档案清理的排列顺序对档案依次装箱。装满封箱后，应在箱体上对箱内档案作简要说明或标识，并贴上封条。

（4）报关

境外企业应按照所在国和我国海关要求，采用纸质文件方式或电子数据交换方式向海关办理出进境报关手续。

档案出境应按照所在国海关要求履行报关程序。

档案进境宜按照文件类报关，即属我国法律、法规规定予以免税且无商业价值的文件、单证、票据及资料类。境外企业应自运输工具申报进境之日起一四日内向海关传输或递交报关单、总运单、舱单或清单，以及海关需要的其他单证。需提前报关的，应提前将进境档案运输和抵达情况书面通知海关。海关查验时，境外企业应派员到场，并负责档案的搬移、开拆、重新包装等。

档案运回报关可委托专业或代理报关企业向海关办理申报手续。境外企业应在档案到达口岸前与专业或代理报关企业签订正式的报关委托书，其格式以海关要求的格式为准。

（5）跟踪与核对

境外企业应及时跟踪档案运回过程节点，掌握运回情况。档案到达国内投资主体或母公司时，应与国内接收人员核对档案数量和实体情况。经核对无误的档案，双方应履行交接确认手续。如发生档案损毁或丢失，境外企业应与国内投资主体或母公司协同追溯，减少损失。

6.5.2 档案到期鉴定与销毁

6.5.2.1 境外企业应对保管期限满的档案进行鉴定，并将鉴定意见书报送国内投资主体或母公司审批同意后进行处置。

对于确无继续保存价值的档案，在履行销毁审批程序后可就地销毁；对仍有保存价值的档案，应重新划定保管期限后继续保存。

6.5.2.2 境外企业销毁档案时应由2人以上负责监销，销毁清册永久保存。

6.5.3 资产与产权变动档案处置

6.5.3.1 境外企业发生资产与产权变动时，应在有关合同或协议中设置档案处置相关条款，或专门签订档案处置协议，并按照合同、协议或参照有关规定确定档案处置方案，做好档案的接收和移交。

6.5.3.2 境外企业关闭或撤销时，应及时对档案进行鉴定。经鉴定需要销毁的，在履行销毁审批程序后可按照规定就地销毁；需要继续保存的，应向国内投资主体或母公司移交。

7 档案信息化

7.1 系统建设

境外电子档案管理信息系统的建设过程应遵循信息系统建设的一般步骤，主要包括系统规划、系统分析与设计、系统实施、系统运维四个阶段。

7.1.1 系统规划

7.1.1.1 境外系统规划时应考虑境外档案管理体系、管理策略、管理目标、业务模式、发展方向等。做好事前调研及可行性研究，借鉴管理模式相似企业的建设经验，确定项目边界，避免盲目建设。

7.1.1.2 境外系统规划原则上由信息技术部门负责，档案部门指导并提出需求，业务部门及保密部门共同参与。达不到上述要求的，可由档案部门负责，除考虑档案业务外，还应考虑信息技术、业务、保密等方面的要求。

7.1.1.3 境外系统规划时应选择正版软件，确保软件的使用权和所有权清晰。

7.1.1.4 境外系统规划方案应尽量简化，采用成熟且经过验证的技术，标准化、健壮化设计，保障系统在面临极端状况或突发事件的情况下仍能提供持续、可靠的服务。

7.1.1.5 境外系统规划时应做好项目预算和项目进度计划，充分考虑在境外进行系统实施的人工成本、物资成本以及可能影响项目进度的各种潜在因素，如出入境政策等。

7.1.2 系统分析与设计

7.1.2.1 系统分析（需求分析）应对用户在系统功能、行为、性能、设计约束等方面的期望进行收集和分析，形成用户需求规格说明书，并作为系统验收的依据。

7.1.2.2 系统分析应建立在业务分析的基础上，掌握业务产生、管理、利用文件的要求，作为系统功能分析的基础。

7.1.2.3 系统设计应依据用户需求规格说明书等系统说明文档，综合考虑企业实际条件，设计实现系统说明文档中规定功能要求的技术方案。

7.1.2.4 系统开发可采用面向对象方法，也可采用原型化方法。原型化方法应及时对用户需求进行响应和纳入，以经过修改、确定的原型系统作为系统开发依据，并逐步完善用户需求规格说明书。

7.1.2.5 系统功能

境外系统功能在国内系统一般功能的基础上，结合境外环境特点，还应具备以下功能。

（1）支持多语种著录、检索、报表打印等，一般支持中文、英文及所在国官方语言，至少应支持中文和英文。

（2）支持中外方不同界面，除语种外，界面能根据中外方对于档案管理侧重点的不同进行设计。其中，外方界面应注意术语本土化。

（3）可适当简化整理、编研等功能，简化借阅流程，加强信息利用共享。

（4）具备离线数据包功能，以满足系统在各种网络条件下对归档文件的收集。

（5）数据存储时，宜考虑中方外方数据分库存储。

（6）处于非传统安全风险等级较高地区的境外企业可考虑增设一键销毁功能。

（7）系统的应用操作应尽量简化，不宜设计繁琐或不必要的功能操作。

7.1.2.6 系统性能

（1）境外系统应基于境外企业信息化基础设施情况建设。

（2）境外系统应重点提高系统安全性、信息和数据保密性等性能。

（3）境外系统应能够建立双机备份，具有跨国境的备份机制。

（4）境外系统应加强软硬件的兼容性，尽量减少因兼容性带来的运维问题。

7.1.2.7 系统接口功能可参考《企业电子文件归档和电子档案管理指南》（档办发〔2015〕4号）有关要求。

7.1.2.8 境外系统部署主要有境内向境外延伸、境外部署网络版和境外部署单机版三种方式可供选择,其优缺点及适用性见下表。

部署方式	优点	缺点	适用范围
境内向境外延伸	1)系统经国内投资主体或母公司顶层设计,统一标准实施,系统的统一性较高,境外企业工作量较少。 2)可实现与国内投资主体或母公司之间档案信息资源实时共享。跨机构利用的便利性高。 3)相比境外企业独立部署性价比更高。	1)为更适应境外电子档案管理特点,功能上需要做适应性调整。 2)需要国内母公司主导建设,灵活性较差。	1)国内投资主体或母公司已统一部署电子档案管理信息系统。 2)所在国网络条件较好,具有网络专线或虚拟专网,带宽能满足电子档案系统运行要求。 3)境外企业具有较长的运营期。
境外部署网络版	1)在功能性上可以最大限度地满足境外电子档案管理需求。 2)可通过建立接口与国内母公司实现档案信息资源共享。	1)境外实施成本较高。 2)境外企业需要投入的精力较多。 3)与国内母公司系统的统一性较低。	1)国内投资主体或母公司未统一部署电子档案管理信息系统或部署的电子档案管理信息系统不具备向境外延伸条件的。 2)所在国网络条件较好,带宽能满足电子档案系统运行要求。 3)境外企业具有较长的运营期。 4)境外企业有专门负责档案工作的机构或人员。
境外部署单机版	1)系统灵活性强。 2)系统易操作,易维护。 3)不受网络条件限制。	1)档案利用功能较弱。 2)无法与国内母公司及时共享档案资源。	1)境外企业运营期较短。 2)境外企业规模较小。

境外部署网络版的企业,在系统设计中需重点考虑数据存储和服务器的所在位置,结合境内、外信息化建设条件,权衡利弊。既可部署在境外,也可依托于国内投资主体或母公司现有的软硬件环境联合部署。

7.1.3 系统实施

7.1.3.1 系统实施步骤主要包括:硬件设备购置、安装与调试、程序编码与调试、数据文件转换、系统调试与转换、系统试运行、系统验收、数据迁移、用户培训等。

7.1.3.2 系统实施应按计划分阶段完成,每个阶段宜形成实施进展报告。系统测试后应形成系统测试分析报告。

7.1.3.3 系统实施过程中应重点关注系统验收测试，确保系统功能、性能、安全性等符合上线要求。

验收测试应由软件的需方组织，一般由独立于软件开发的人员实施，也可委托我国认可的第三方实施。测试相关技术要求参照《计算机软件测试规范》（GB/T 15532）执行。

7.1.4 系统运维

7.1.4.1 系统运维是系统建设的最后一个环节，也是一项长期的任务，包括系统的更正性维护、适应性维护、完善性维护、预防性维护等。

7.1.4.2 境外系统运维方式可自主运维，也可外包运维。外包运维可将部分系统运维外包，也可全部外包。档案信息涉密程度高的境外企业，外包时应注意审核外部运维服务方的安全资质。

为降低运维成本，无自主运维能力的境外企业以采用国内远程运维为宜。

7.1.4.3 境外系统运维应关注问题管理和事件跟踪，提高系统、数据备份和电子档案完整性校验频次。

7.2 电子文件归档与管理

7.2.1 境外电子文件归档遵循"前端控制、全程管理、统一管理"的原则，确保电子文件的真实性、完整性、有效性，实现档案信息资源共享。（注：本指南电子文件采用大文件概念，即电子文件包含电子档案。）

7.2.2 境外企业应制定电子文件归档管理规范，重点明确境外电子文件管理元数据规范、分类方案、文件保管期限与处置方案、归档范围，特别应将无相应纸质或无法输出成纸质的，以及未存储在本企业服务器中的电子文件纳入归档范围。境外电子档案保管期限可适当延长。在制定电子文件归档管理规范时要特别注意所在国家和地区对电子档案法律效力要件的特殊要求，如是否承认电子签名，是否承认电子邮件的法律效力等。

7.2.3 境外电子文件归档时，除将元数据一同移交归档外，还应进行多语种的元数据管理，便于后期检索利用。

7.2.4 通过系统接口归档电子文件的境外企业，应采用网络专线、数据加密等技术手段，确保电子文件在传输过程中的安全与保密。

通过线下拷贝、邮件发送等方式归档的，应通过现场多人监督或其他方式确保电子文件不被非法篡改。

7.2.5 电子文件线下归档或移交应按照《电子档案移交与接收办法》（档发〔2012〕7号）规定的存储结构进行组织，并办理双方交接手续。

7.2.6 境外电子文件归档应进行离线备份。重要电子档案应进行一式三套离线存储并分开保存。载体应具有较好的耐久性，载体选择依次为一次性写光盘、磁带、可擦写光盘、硬磁盘等。

离线存储载体管理宜按照《电子文件归档光盘技术要求和应用规范》（DA/T 38）和《磁性载体档案管理与保护规范》（DA/T 15）执行。

7.2.7 境外电子文件可根据利用权限进行隔离分库管理。对于同一库内的电子文件，以便于用户共享信息为先，可面向所有用户开放非涉敏感信息档案权限。

7.2.8 境外企业应定期对已归档电子文件的可读性进行评估，评估有风险的应及时采取相应措施。

7.3 传统载体档案数字化

7.3.1 相较境内而言，在境外开展传统载体档案数字化工作的必要性，主要包括以下几个方面：

（1）境外档案库房空间有限、档案保管环境较差，进行传统载体档案数字化需求更为迫切。

（2）数字化副本的管理和利用相比传统载体的更加方便灵活，可更好地适应境外环境。

（3）有利于境外企业在紧急情况下高效迅速转移档案，保护档案资源，维护企业利益。

7.3.2 境外档案数字化时，应优先对重要的、保管期限长、利用频率高、保管条件差或在安全风险等级较高地区保管的档案进行数字化。

7.3.3 境外档案数字化可选择定期集中数字化或实时分散数字化两种模式。

7.3.3.1 定期集中数字化模式。主要适用于传统载体档案数字化量大、类型多样的企业。选择这种模式的境外企业，档案数字化可于境外实施，也可运回国内实施；可自行组织实施，也可委托第三方实施。实施要求主要包括：

（1）实施前应在充分调研的基础上，制订合理的实施方案，具体包括明确数字化对象、范围、工作目标、内容、成本核算、数字化技术方法和主要指标、验收依据、人员安排、责任分工、进度计划、安全管理措施等。

（2）制订验收方案，明确验收方式（一般采用计算机自动检验与人工检验相结合的方式）、验收内容（包括数字图像、目录数据、元数据、数字化工作中形成的文件、存储载体等)、验收指标等。

（3）委托第三方实施数字化的企业要特别关注档案安全，既要确保实体安全，更要确保数据信息安全。

（4）数字化工作完成后，应及时对数字化成果进行备份。

7.3.3.2 实时分散数字化模式，适用于传统载体档案数字化量小，类型较为单一，对数字化成果利用需求迫切的企业。实施要求主要包括：

（1）建立统一的数字化标准，保证各方数字化成果质量达标可控。

（2）加强数字化成果审查，必要时审查率可达100%。

（3）阶段性进行数字化成果备份。

8 应 急 管 理

应急管理应坚持"防护结合，以防促管"的原则。坚持预防为主，将事前预防与事后应急相结合，把应急管理落实到企业日常管理中。

8.1 制订应急预案

8.1.1 境外企业应将档案工作突发事件应急管理纳入企业安全应急管理体系统一管理。驻安全风险等级较高地区的境外企业，应将本企业档案工作突发事件应急预案报送国内投资主体或母公司审核或备案。

8.1.2 应急预案应明确应急指挥、处置机构与职能、处置工作程序、处置区域、抢救顺序、分级响应与处置措施、应急恢复与重建等，可针对气象、地震、防汛、消防、社会安全等突发事件分别制定应急预防预警措施，宜对应急处置工作制定奖励与责任追究措施。

应急预案应附应急组织机构成员名单、应急通信录、应急工具及抢险物资布置、应急路线图等。

8.2 应急演练

8.2.1 加强应急队伍建设，开展档案安全管理和突发事件应急培训，制订演练计划并定期组织应急演练。

8.2.2 应急演练结束后应及时复盘并完善应急预案，确保应急预案的有效执行。

8.3 应急实施

8.3.1 境外企业应将档案工作应急所需资源列入资金预算，做好应急物资储备。

8.3.2 当所在地出现较高等级非传统安全风险时，境外企业应加强与中方使领馆联系。

遇到突发事件时，境外企业应立即启动应急预案，并按照规定进行分级响应和处置。在保障人身安全的前提下，应用一切应急抢险措施和工具保护档案。

8.3.3 抢救档案应优先于抢救其他财物。档案抢救按照"先重要，后一般"的原则，依次对优先（特别重要）、次优先（重要）和一般档案进行抢救。

8.3.4 档案抢救时，应按照预案规定迅速完成档案搬运，将档案转移至预先设定的避险场所。如无避险场所，还可将档案就地掩埋、紧急转移至相邻安全国家、通过外交途径运回国内等。

8.3.5 在已经或可能导致档案受到严重损毁、库房崩塌、人员伤害等情况发生时，境外企业应向中国驻所在国使领馆、所在国政府和有关部门、国内投资主体或母公司等机构或单位报告，建立沟通联系机制，确保有效沟通和交换信息。估计自身救援力量不足时，应立即寻求支援。

8.3.6 紧急情况下，如档案无法转移且信息泄露会对我国国家利益及本企业利益造成严重损害时，应急处置人员经请示应急工作领导小组负责人批准后，可就地销毁档案（本地保存的电子档案可启动一键销毁功能）。

8.4 善后处理

8.4.1 境外企业在应急处置结束后，应对档案损毁和丢失情况进行全面清理、统计和登记，评估后果及影响，制订修复工作方案，实施修复与保护。

8.4.2 境外企业在应急处置结束后，应编制应急总结报告，对经验教训进行总结并提出改进建议。对应急处置工作中作出突出贡献的给予表彰和奖励，对失职、渎职、违法违规等行为造成后果的，依照有关规定追究责任。

9 法律环境管理

9.1 境外法律环境梳理

9.1.1 梳理重点

全面了解所在国档案相关法律规定是境外企业开展档案工作的第一步。在了解我国境外档案管理法律法规的基础上，境外企业需梳理所在国法律中有关档案管理体制、监管体系、企业档案管理要求，重点了解文件有效性、收集和整理要求、保管期限、档案有效性（尤其是电子档案法律效力要件）要求、档案移交及出境、档案销毁等方面的规定。

9.1.2 梳理路径

境外企业档案部门应加强与法律部门的合作,收集所在国(和第三方国家)的法律法规,梳理与企业档案管理相关的规定。梳理路径主要有以下几种:

(1)通过中国商务部网站、中国一带一路网等政府网站,查询相关国家或地区《对外投资合作国别(地区)指南》、法律政策等,梳理相关资料中涉及文件、档案相关的管理规定和要求。

(2)通过所在国公共网站、驻华使馆网站、商务部网站、司法部网站、档案主管部门以及其他政府行业主管部门网站,梳理涉及文件、记录和档案相关的法律规章,重点梳理所在国或地区有关隐私管理的规定。

(3)通过业务部门收集所在国涉及档案管理的法律条文。可制作摸底调查表,内容包括部门职责、业务遵循的法律、法律中涉及文件、记录、档案相关条文等。

(4)聘请一家当地的律师事务所,整体梳理所在国档案法律法规中涉及文件、记录和档案的条款规定,就企业档案管理事项出具法律意见书,系统、全面地识别法律风险。

(5)咨询所在国政府机构,如所在国政府下设的国外投资主管部门。也可向我国驻所在国大使馆、中资企业商会、联合会、中资企业等我国驻外机构或单位寻求指导和帮助。

(6)法律梳理时应邀请法务部门参与,协助档案部门收集并梳理所在国家或地区档案法律法规和对档案工作产生影响的相关法律法规,提出落实建议。

9.2 基于法律环境的制度建设

除我国档案法律规定外,为保证境外档案工作合法合规,境外企业还应对所在国档案法律法规进行识别和评估,制定符合所在国法律规定及监管要求的档案管理制度,并严格遵守,规避风险。

9.2.1 档案管理制度应完整覆盖法律要求的各项要素。如有的国家规定企业需承担为本国雇员提供技能培训的法定义务,企业则必须提取一定数量基金用以雇员培训,并制订计划安排向本国雇员传授技术知识和经验。这就要求境外企业须关注属地员工培训方面的档案管理,将相关规定列入档案管理制度。

9.2.2 档案管理制度应全面符合所在国档案法律规定。如档案鉴定方面,有的国家规定与企业税务有关的档案至少要保存 6 年以上;档案整理方面,有的地区不承认有装订痕迹证据材料的法律效力;档案保管方面,有的国家规定企业形成的会计档案必须交由当地律师楼保管；档案处置方面，有的国家规定不允许将地质档案带出国境；等等。境外企业在制定档案管理制度时，制度条款必须与这些法律规定相统一。

9.3 基于法律环境的流程设计

9.3.1 境外企业在遵从所在国法律规定的基础上，设计境外档案的收集、整理、保管、利用、处置等全生命周期管理流程，清晰、合法、有效地开展境外档案工作。

9.3.2 境外企业应将所在国法律有关档案管理规定纳入业务流程一并考虑和设计。在业务流程的有关节点，明确文件、记录的形成、收集、归档要求等。

9.4 法律环境动态管理

9.4.1 所在国对法律的修订、新增、取消，使法律环境处于不断变化之中。境外企业至少每半年应对所在国法律进行一次有效性梳理，对涉及档案管理要求发生变化的法律及时进行识别和评估，形成评估报告。

9.4.2 境外企业根据评估报告，及时更新档案管理制度并重新发布实施，确保满足所在国法律新要求。

附录 C 制 度 范 本

C.1 中国电力建设集团（股份）有限公司境外档案管理暂行办法

第一章 总 则

第一条 为规范中国电力建设集团（股份）有限公司［以下简称集团（股份）公司］境外档案管理，维护集团（股份）公司及所属企业合法权益，防止境外资产流失，根据国家档案局《企业境外档案管理办法》和集团（股份）公司有关规定，结合实际，制定本办法。

第二条 本办法适用于集团（股份）公司总部及所属全资、控股子企业、单位（以下统称各企业）及其在境外设立子企业、分公司、办事机构、项目部等（以下统称境外单位）的档案工作。

第三条 本办法所称的境外档案，是指境外单位在研发、生产、经营、管理或项目合作等活动中形成的，具有保存价值的各种形式的历史记录。

第四条 境外档案是反映境外单位生产经营管理活动的真实记录，是维护企业经济利益、合法权益和历史真实面貌的重要依据，是企业档案的重要组成部分。各企业、境外单位及个人都有保护境外档案的责任和义务。

第五条 境外档案工作实行统一领导、分级管理的原则，确保境外档案的完整、准确、系统、安全和有效利用。

第六条 境外档案管理应当在遵循所在国家、地区法律法规的基础上，按照国内有关规定执行。

第七条 各企业在设立境外单位或开展境外业务时，应当在章程、合同或协议中明确档案归属、流向、使用、移交等事项，确保企业权益。

第二章 管 理 职 责

第八条 办公厅是境外档案工作归口管理部门，负责制定境外档案工作制度，建立境外档案管理体制和工作机制，监督、检查和指导各企业境外档案工作。

第九条 各企业负责管理本企业境外档案工作，明确分管领导和归口管理部门，配备专兼职档案人员。主要职责有：

（一）制定境外文件材料归档和档案管理制度，编制境外档案工作发展规划和年度工作计划，并组织实施。

（二）建立、完善境外档案管理体制和工作机制。

（三）所属境外单位移交档案的接收、保管、统计、利用及鉴定处置。

（四）境外档案信息化建设。

（五）组织境外档案业务培训、宣传、交流和研讨。

（六）所属境外单位档案工作监督、指导、检查、考核和奖惩。

（七）对组织验收的境外项目进行档案专项验收。

第十条 境外单位应当明确档案工作的领导责任，明确档案管理机构，配备专兼职档案管理人员。主要职责有：

（一）制定文件材料归档和档案管理制度，编制档案工作发展规划和年度工作计划，并组织实施。

（二）建立、完善档案管理体制和工作机制。

（三）文件材料的收集、整理、鉴定和归档。

（四）档案保管、统计、利用、处置和信息化。

（五）按规定向相关方移交档案，将归属本企业的重要档案运回国内并移交。

第十一条 境外档案管理人员应具备相应的档案专业知识和技能，定期接受档案业务培训；一般选用中方员工。

境外档案管理人员应保持稳定，人员变动时应向国内上级企业备案。

第十二条 境外单位工作人员应参加档案知识培训教育，具备档案保护意识。

境外单位工作人员岗位变动时，应当及时办理文件材料移交手续，清退借阅未还的档案。

第三章 境外文件材料的形成与归档

第十三条 境外单位应将文件材料形成、积累、整理和移交工作纳入各项

附录 C 制度范本

业务工作制度、流程、计划，纳入业务部门职责范围和业务人员岗位责任制，纳入考核体系和奖惩制度。

第十四条 境外文件材料归档范围和档案保管期限表依据所在国家、地区和我国有关规定，结合境外业务实际制定，并报国内上级企业审批。资本结构或主营业务发生较大变化时，应及时修订完善。

第十五条 境外文件材料应当按照归档范围及时收集整理，并按规定向档案部门移交，集中管理。任何个人不得将应归档的文件材料据为己有或拒绝归档。

第十六条 境外文件材料归档在遵循所在国家或地区有关规定基础上，按照《中国电力建设股份有限公司文件归档管理办法》或国内上级企业有关规定执行。

归档文件目录在归档完成后 1 个月内报国内上级企业备案。

第十七条 境外单位业务信息系统应当具备电子文件归档管理功能，符合电子档案管理要求。境外业务电子邮箱系统应优先具备电子邮件归档管理功能。

第四章 境外档案管理

第十八条 涉及企业资产与产权、商业秘密、债权债务等内容的档案应当列为重要档案，范围包括：

（一）境外单位设立、合并、分立、改制、上市、解散、破产或其他资产与产权变动过程中形成的档案，境外单位董事会、监事会、股东会的构成、变更、召开会议、履行职责和维护权益等过程中形成的档案。

（二）境外单位资产和产权登记、评估与证明档案，资产和产权转让、买卖、抵押、租赁、许可、变更、保护等凭证性档案，对外投资形成的档案；境外单位资本金核算、确认、划转、变更等过程形成的档案，企业融资过程形成的档案；专利管理档案。

（三）在境外注册、获取的各种资格证书，企业准入在外经营和经营证照及失效证件原件或被收缴的复印件等经营权申报、审批形成的档案。

（四）境外单位关于重要问题的请示、报告、报表及其批复，由有关单位制发的需境外单位办理的文件材料形成的重要档案；行业协会、中介机构等对本企业做出的重要决定、出具的审计、公证、裁定等档案；境外单位与其他组织和个人形成的重要合同、协议及补充协议等档案。

（五）会计档案。

（六）境外投资项目批准立项文件，合同、章程、协议等及其审批文件、批准证书、核心技术，项目质量检验、竣工验收等档案。

（七）境外承包项目招投标及中标文件，合同、协议等及其审批文件，隐蔽工程记录，项目质量检验、竣工验收、项目移交等档案。

（八）境外设备仪器、科研开发、产品生产管理中产生的具有核心技术的档案。

（九）其他具有重要利用价值的档案。

第十九条 境外档案整理应当符合所在国家或地区的档案整理标准，无相关标准的参照我国档案整理标准。

第二十条 境外档案应当建立机读目录，重要档案进行全文数字化，并定期做好备份。

第二十一条 保管境外档案的库房或场所应当符合档案安全保管要求，配备必要的设施设备。重要档案单独排列或作出特殊标识。

境外单位住所地不具备档案安全保管条件的，应当将档案存放于就近的安全场所；无法达到上述要求的，将重要档案运回国内，交由国内上级企业保管。

上述条件都不具备的，应及时将档案进行数字化扫描，并将档案数字化扫描件移交国内上级企业保存。

第二十二条 境外单位应当充分发挥属地优势，根据实际需要，以区域或项目为单位建立联合档案库房，集中统一保管档案。

第二十三条 境外档案统计应当及时准确，统计年报定期向国内上级企业报送。

第二十四条 境外档案利用应当按照利用制度，严格审批手续。对国内派驻境外单位的工作人员和境外聘用的员工利用档案，应遵循"内外有别"的原则，按照其职责范围，根据有关规定执行。

第二十五条 境外档案保管期限满时应当进行鉴定，并在鉴定意见书报国内上级企业审批同意后进行档案处置。对于失去继续保存价值的档案，在履行销毁审批程序后可就地销毁；销毁时应当由2人以上负责监销，销毁清册永久保存；对仍有保存价值的档案重新划定保管期限后继续保存。

境外工作任务结束后或境外单位撤销时，应当及时对档案进行鉴定。经鉴定需要销毁的，在履行销毁审批程序后可按规定就地销毁；需要继续保存的，向国内上级企业移交。

第二十六条 各企业、境外单位应当加强境外档案信息化建设，应用电子档案管理信息系统管理境外档案。

第二十七条 境外档案安全应急预案应当纳入境外安全应急管理体系并定期演练。档案安全受到威胁时，按照预案采取有效保护措施。

（一）设定档案避险场所，配备档案紧急转移和临时保管所需的装具、设施设备等。

（二）如发生战争、突发自然灾害等事件，严重危及境外单位安全且无法转移档案时，在确保人身安全的前提下对档案进行妥善处置，并及时将处置结果向国内上级企业报告。

（三）紧急转移档案应按照"先重要、后一般"的顺序进行。应急程序一旦启动，迅速对重要档案装箱，按照指定路线转移至临时指定的安置场所。

（四）应急警报解除后，及时清点档案，并将档案损毁情况向国内上级企业报告。

第二十八条 组织验收境外项目的国内上级企业，应当进行档案验收。

第二十九条 境外单位发生收购、重组、兼并、出售、关闭、撤销或其他资产与产权变动时，应当按照有关规定在合同或协议中设置档案处置相关条款，或专门签订档案处置协议，并按照合同、协议确定档案处置方案，做好档案的移交和接收。

第三十条 运输、传输境外档案及其复制件应当加强安全和保密工作，确保档案完整、安全；传输电子档案和档案数字化扫描件采用加密方式进行。

第三十一条 各企业应为境外档案运回国内、资产与产权变动档案交接等工作提供专项经费保障。

第三十二条 涉密档案管理按照有关规定执行。

第五章 奖励与责任追究

第三十三条 有下列行为之一的，各企业应当给予表彰和奖励：

（一）利用境外档案获得重大经济或社会效益，避免或挽回重大损失的。

（二）在突发事件中抢救、保护境外档案作出显著成绩的。

（三）在境外档案收集、保管、信息化等工作中作出突出贡献的。

（四）在同违反档案法律法规行为作斗争中表现突出的。

第三十四条　违反本规定造成损失的，按照有关规定追究相应责任。

第六章　附　　则

第三十五条　各企业应根据本办法制订境外档案管理工作细则。

第三十六条　本办法由集团（股份）公司办公厅负责解释。

第三十七条　本办法自印发之日起施行。

C.2　中国电建集团海外投资有限公司境外档案管理办法

第一章　总　　则

第一条　为规范中国电建集团海外投资有限公司（以下简称电建海投公司或公司）境外档案管理，维护公司及所属企业合法权益，防止境外资产流失，根据国家档案局《企业境外档案管理办法》（档发〔2018〕13号）和《中国电力建设集团（股份）有限公司境外档案管理暂行办法（2019年版）》（中电建股〔2019〕18号）等有关规定，结合公司业务实际，制定本办法。

第二条　本办法适用于电建海投公司总部及所属全资、控股子企业（以下统称各单位）及其在境外设立子企业、分公司、办事机构、项目部等（以下统称境外单位）的档案工作。

第三条　本办法所称的境外档案，是指境外单位在研发、生产、经营、管理或项目合作等活动中形成的，具有保存价值的各种形式的历史记录。

第四条　境外档案是反映境外单位生产经营管理活动的真实记录，是维护企业经济利益、合法权益和历史真实面貌的重要依据，是企业档案的重要组成部分。各境外单位及个人都有保护境外档案的责任和义务。

第五条　境外档案工作实行统一领导、分级管理的原则，确保境外档案的完整、准确、系统、安全和有效利用。

第六条　境外档案管理应当在遵循所在国家、地区法律法规的基础上，按照国内有关规定执行。

第七条　各单位在设立境外单位或开展境外业务时，应当在章程、合同或协议中明确档案归属、流向、使用、移交等事项，确保企业权益。

第二章　管理职责

第八条　办公室是电建海投公司境外档案工作归口管理部门，主要职责有：

（一）制定境外档案工作发展规划和年度工作计划，并组织实施。

（二）制定境外档案工作制度。

（三）建立境外档案管理体制和工作机制。

（四）监督、检查、指导、考核和奖惩各单位境外档案工作。

（五）组织境外档案业务培训、宣传、交流和研讨。

（六）对组织验收的境外项目进行档案专项验收。

第九条 各单位负责管理本单位境外档案工作，明确分管领导和归口管理部门，配备专兼职档案人员。主要职责有：

（一）制定境外文件材料归档和档案管理制度，编制境外档案工作年度工作计划，并组织实施。

（二）建立、完善境外档案管理体制和工作机制。

（三）境外档案的收集、保管、统计、利用及鉴定处置。

（四）开展境外档案信息化建设。

（五）对需要进行验收的境外项目做好验收准备工作。

（六）按规定向相关方移交档案，将归属单位的重要档案运回国内并移交电建海投公司总部。

第十条 境外档案管理人员应具备相应的档案专业知识和技能，定期接受档案业务培训；一般选用中方员工。

境外档案管理人员应保持稳定，人员变动时应向电建海投公司总部备案。

第十一条 境外单位工作人员应参加档案知识培训教育，具备档案保护意识。

境外单位工作人员岗位变动时，应当及时办理文件材料移交手续，清退借阅未还的档案。

第三章 境外文件材料的形成与归档

第十二条 境外单位应将文件材料形成、积累、整理和移交工作纳入各项业务工作制度、流程、计划，纳入业务部门职责范围和业务人员岗位责任制，纳入考核体系和奖惩制度。

第十三条 境外文件材料归档范围和档案保管期限表依据所在国家、地区和我国有关规定，结合境外业务实际制定，并报电建海投公司审批。资本结构或主营业务发生较大变化时，应及时修订完善。

第十四条 境外文件材料应当按照归档范围及时收集整理，并按规定向档案部门移交，集中管理。任何个人不得将应归档的文件材料据为己有或拒绝归档。

第十五条 境外文件材料归档在遵循所在国家或地区有关规定基础上，按照《中国电力建设股份有限公司文件归档管理办法》执行。

归档文件目录在归档完成后1个月内报电建海投公司备案。

第十六条 境外单位业务信息系统应当具备电子文件归档管理功能，符合电子档案管理要求。境外业务电子邮箱系统应优先具备电子邮件归档管理功能。

第四章 境外档案管理

第十七条 涉及企业资产与产权、商业秘密、债权债务等内容的档案应当列为重要档案，范围包括：

（一）境外单位设立、合并、分立、改制、上市、解散、破产或其他资产与产权变动过程中形成的档案，境外单位董事会、监事会、股东会的构成、变更、召开会议、履行职责和维护权益等过程中形成的档案。

（二）境外单位资产和产权登记、评估与证明档案，资产和产权转让、买卖、抵押、租赁、许可、变更、保护等凭证性档案，对外投资形成的档案；境外单位资本金核算、确认、划转、变更等过程形成的档案，企业融资过程形成的档案；专利管理档案。

（三）在境外注册、获取的各种资格证书，企业准入在外经营和经营证照及失效证件原件或被收缴的复印件等经营权申报、审批形成的档案。

（四）境外单位关于重要问题的请示、报告、报表及其批复，由有关单位制发的需境外单位办理的文件材料形成的重要档案；行业协会、中介机构等对企业做出的重要决定、出具的审计、公证、裁定等档案；境外单位与其他组织和个人形成的重要合同、协议及补充协议等档案。

（五）会计档案。

（六）境外投资项目批准立项文件，合同、章程、协议等及其审批文件、批准证书，核心技术，隐蔽工程记录，项目质量检验、竣工图、竣工验收、项目移交等档案。

（七）境外设备仪器、科研开发、产品生产管理中产生的具有核心技术的档案。

（八）其他具有重要利用价值的档案。

第十八条 境外档案整理应当符合所在国家或地区的档案整理标准，无相关标准的参照我国档案整理标准。

第十九条　境外档案应当建立机读目录，重要档案进行全文数字化，并定期做好备份。

第二十条　保管境外档案的库房或场所应当符合档案安全保管要求，配备必要的设施设备。重要档案单独排列或作出特殊标识。

境外单位住所地不具备档案安全保管条件的，应当将档案存放于就近的安全场所；无法达到上述要求的，将重要档案运回国内，交由电建海投公司保管。

上述条件都不具备的，应及时将档案进行数字化扫描，并将档案数字化扫描件移交电建海投公司保存。

第二十一条　境外单位应当充分发挥属地优势，根据实际需要，以区域或项目为单位建立联合档案库房，集中统一保管档案。

第二十二条　境外档案统计应当及时准确，统计年报定期向电建海投公司报送。

第二十三条　境外档案利用应当按照利用制度，根据职责范围，严格设定利用权限，规范审批手续，避免因信息泄露致使单位蒙受经济损失或不利后果。

第二十四条　境外档案保管期限满时应当进行鉴定，并在鉴定意见书报电建海投公司审批同意后进行档案处置。对于失去继续保存价值的档案，在履行销毁审批程序后可就地销毁；销毁时应当由2人以上负责监销，销毁清册永久保存；对仍有保存价值的档案重新划定保管期限后继续保存。

境外工作任务结束后或境外单位撤销时，应当及时对档案进行鉴定。经鉴定需要销毁的，在履行销毁审批程序后可按规定就地销毁；需要继续保存的，向电建海投公司移交。

第二十五条　各境外单位应当加强境外档案信息化建设，具备条件的单位应积极应用电子档案管理信息系统管理境外档案。

第二十六条　境外档案安全应急预案应当纳入境外安全应急管理体系并定期演练。档案安全受到威胁时，按照预案采取有效保护措施。

（一）设定档案避险场所，配备档案紧急转移和临时保管所需的装具、设施设备等。

（二）如发生战争、突发自然灾害等事件，严重危及境外单位安全且无法转移档案时，在确保人身安全的前提下对档案进行妥善处置，并及时将处置结果向国内上级企业报告。

（三）紧急转移档案应按照"先重要、后一般"的顺序进行。应急程序一旦

附录 C 制度范本

启动,迅速对重要档案装箱,按照指定路线转移至临时指定的安置场所。

(四)应急警报解除后,及时清点档案,并将档案损毁情况向国内上级企业报告。

第二十七条 对组织项目竣工验收的境外项目,电建海投公司组织档案专项验收。

第二十八条 境外单位发生收购、重组、兼并、出售、关闭、撤销或其他资产与产权变动时,应当按照有关规定在合同或协议中设置档案处置相关条款,或专门签订档案处置协议,并按照合同、协议确定档案处置方案,做好档案的移交和接收。

第二十九条 运输、传输境外档案及其复制件应当加强安全和保密工作,确保档案完整、安全;传输电子档案和档案数字化扫描件采用加密方式进行。

第三十条 各单位应为境外档案运回国内、资产与产权变动档案交接等工作提供专项经费保障。

第三十一条 涉密档案管理按照有关规定执行。

第五章 奖励与责任追究

第三十二条 有下列行为之一的,各单位应当给予表彰和奖励:

(一)利用境外档案获得重大经济或社会效益,避免或挽回重大损失的。

(二)在突发事件中抢救、保护境外档案作出显著成绩的。

(三)在境外档案收集、保管、信息化等工作中作出突出贡献的。

(四)在同违反档案法律法规行为作斗争中表现突出的。

第三十三条 违反本规定造成损失的,按照有关规定追究相应责任。

第六章 附 则

第三十四条 本办法由电建海投公司办公室负责解释。

第三十五条 本办法自印发之日起施行。

C.3　电建海投公司所属境外企业档案管理办法

第一章　总　　则

第一条　为建立公司档案全宗，保证档案完整、准确、系统、规范、安全保管和有效利用，维护公司合法权益，为公司经营发展提供有效服务，根据国家档案局《企业境外档案管理办法》（档发〔2018〕13号）和上级单位境外档案管理有关规定，结合公司业务实际，制定本办法。

第二条　本办法适用于公司档案管理的组织、工作和活动。

第三条　本办法所称的档案，是指公司在研发、生产、经营、管理或项目合作等活动中形成的，具有保存价值的各种形式的历史记录。档案是反映公司生产经营管理活动的真实记录，是维护公司经济利益、合法权益和历史真实面貌的重要依据。每个员工都有保护档案的责任和义务。

第四条　公司档案工作实行统一领导、统一管理的原则，确保档案的完整、准确、系统、安全和有效利用。

第五条　公司档案管理在遵循所在国家、地区法律法规的基础上，按照国内有关规定执行。

第六条　公司根据档案价值划分优先等级，对优先等级高的档案在管理上予以重点关注。

第七条　公司在章程和业务合同或协议中明确档案归属、流向、使用、移交等事项，确保企业权益。

第二章　管　理　职　责

第八条　公司总经理主要职责有：

（一）确保档案管理体系与公司战略方向一致，将档案管理要求集成到公司业务活动过程中。

（二）为档案管理体系的建立、实施、维护和持续改进提供充分的支持和资源保障。

（三）宣传有效的档案管理体系的重要性，遵守档案管理体系的要求，确保档案管理体系达到预期目标，指导和支持档案管理体系的实施并持续改进。

（四）指导、监督档案管理执行情况，及时解决档案应急管理中出现的重大问题。

（五）确保档案管理方针、制度等的传达和贯彻实施，并告知与企业存在业务关系的相关方。

（六）定义、分配档案管理岗位、职责和权力，适当分配档案管理职责到相应职能部门和层级，并列入职责说明。

第九条 档案部门主要职责有：

（一）制订境外企业文件归档和档案管理计划；以"所在国优先"为原则，制定境外企业文件归档和档案管理制度、流程和标准规范。

（二）负责档案收集、鉴定、整理、保管、统计、利用、处置和信息化等工作；建立并保持与国内档案业务指导部门日常工作联系，及时准确地统计公司档案，并将统计结果定期向国内总部报送。

（三）对各业务部门（包括各职能部门、各项目、机构等非档案部门）文件归档和档案管理工作进行业务指导与监督，推动将档案管理责任纳入各业务部门岗位职责和员工绩效管理。

（四）配置适宜档案安全保管的场地、设备及保护设施，负责档案保管和保护工作。

（五）企业发生资产与产权变动（如企业重组、退出市场、兼并、出售、股份制改造、股份合作制、与外商合资、合作经营、承包、租赁等，下同）时，按照有关规定对档案进行处置。

（六）处理企业文件归档与档案管理中出现的各种问题，负责档案工作突发事件应急处置管理工作。

第十条 业务部门主要职责有：

（一）业务部门负责积累文件材料，并对归档文件的完整、准确、系统负责。

（二）负责收集、整理归档文件材料并向档案部门移交。

（三）业务部门应当协助档案部门编制本部门形成的文件材料归档范围和档案保管期限表，以及与本部门业务有关的档案管理制度和标准规范。

（四）业务部门应参加由本部门形成的档案鉴定与销毁工作，并协助档案部门完成档案移交与应急处置工作。

第十一条 全体员工的主要职责有：

（一）都有保护公司档案的权利和义务，任何员工均无权擅自将公司的文档据为己有、销毁或通过任何方式借予或复制给公司以外的任何机构和人员，更不得擅自将其出售或转让。

（二）有义务做好自己工作和活动过程中形成文档的收集、积累、整理和保管工作，并按规定向档案部门或本部门兼职档案管理员归档移交，对职责范围产生和使用文档的完整性、准确性和有效性负责。

第十二条　档案管理人员优先选择具有档案专业教育或工作背景、认同企业价值观、忠诚可靠的人员。档案管理兼职人员应以档案工作为主要工作内容，综合考虑其他工作需求进行人员选聘。如选择业务节点关键岗位人员，需在明确其档案工作职责并经培训取得岗位资格后任用。

档案管理人员应保持稳定，人员变动时及时向国内总部备案。

第十三条　档案人员在上岗前应参加档案岗位培训并取得资格证书。公司鼓励在岗档案人员参加继续教育、档案系列职务任职资格评审并取得相应的任职资格，鼓励档案人员参与档案工作者学、协会组织。

业务人员入职前，应将档案管理的相关要求纳入岗前培训。人员岗位变动时，应当及时办理文件材料移交手续，清退借阅未还的档案。任何组织或个人不得据为己有或者拒绝归档。

第三章　档　案　管　理

第十四条　档案管理部门对涉及档案管理的各种行为作出明确规范和要求，建立档案管理制度体系，以支持档案管理的有效实施。公司档案管理的主要活动及管理制度如下：

序号	管理活动	管理制度
1	归档职责、归档范围、保管期限、归档时间、归档程序、归档质量要求、归档控制措施等	《文件归档管理办法》
2	档案整理原则、整理方法、装具要求等	《档案整理规范》
3	库房管理员职责、各门类档案保管条件、特殊载体档案保管条件、档案清点检查方法、档案进出库管理要求、库房管理要求、保密工作要求等	《档案保管保密制度》
4	档案利用的方式、方法，利用档案的权限、审批程序，利用档案的要求等	《档案利用管理办法》
5	档案运回国内、档案到期鉴定销毁、跨机构移交等处置方式	《档案处置办法》

续表

序号	管理活动	管理制度
6	应急组织机构与职能、工作目标及原则、预防和预警、分级响应和处置、恢复和重建等	《档案工作突发事件应急预案》
7	建设项目档案、产品档案、科研档案、会计档案、人事档案、合同档案等	专门档案管理制度
8	档案统计、编研、档案工作考核、档案管理系统操作、特殊载体档案管理、纸质档案数字化等	其他制度或规范

第十五条 将档案信息化建设纳入公司信息化建设总体规划，全面推进。档案信息化建设从档案信息利用出发，立足实际，注重实效，量力而行，坚持"总体规划、分步实施"的原则。

档案信息化建设以整合档案信息资源，搭建知识管理平台，充分满足用户档案信息需求，提升企业核心竞争力为终极目标。对数字环境下形成的电子文档的产生、收集、积累、保管、鉴定、著录、归档和利用进行全过程管理和监控，积极推进纸质档案数字化进程。

第四章 奖励与责任追究

第十六条 有下列行为之一的，给予表彰和奖励：

（一）利用档案获得重大经济或社会效益，避免或挽回重大损失的。

（二）在突发事件中抢救、保护档案作出显著成绩的。

（三）在档案收集、保管、信息化等工作中作出突出贡献的。

（四）在同违反档案法律法规行为作斗争中表现突出的。

第十七条 违反本规定造成损失的，按照有关规定追究相应责任。

第五章 附 则

第十八条 本办法由公司档案管理部门负责解释。

第十九条 本办法自印发之日起施行。

C.4 电建海投公司所属境外企业文件归档管理办法

第一章 总 则

第一条 为规范文件归档工作，完整、系统保存公司档案，依据上级单位有关规定，结合公司实际，制定本办法。

第二条 本办法适用公司文件归档管理工作。

第三条 本办法所称的文件，是指公司在研发、生产、服务、经营、管理等活动中形成的各种门类和载体的记录。

第四条 本办法所称的归档，是指办理完毕且有保存价值的文件经系统整理交档案室保存的过程，包括收集、鉴定、整理、移交等环节。将办理完毕、有保存价值但未经系统整理的文件，称为归档文件。

第二章 管理职责

第五条 公司档案部门负责文件归档的归口管理，对公司各部门文件归档工作进行监督、检查和指导；指导、审查各部门的文件材料归档计划，并发布公司年度文件归档计划；负责归档文件形成和整理质量的验收，并实行集中统一管理。

第六条 各部门负责指定本部门专、兼职档案管理人员，并在档案部门备案；负责本部门文件归档工作，编制本部门年度文件归档计划并按计划向档案部门归档文件；对归档文件的齐全、完整、准确、系统，以及形成和整理质量负责。

第三章 文件归档

第七条 公司按照《企业文件材料归档范围和档案保管期限规定》（国家档案局令第10号）及上级单位管理规定编制文件材料归档范围和档案保管期限表（见附件），将公司在筹备、生产、经营、管理等活动及产权变动过程中形成的具有保存价值的各种形式和载体的文件纳入归档范围。

第八条 公司各部门归档责任人，应依据文件材料归档范围和档案保管期

附录 C 制度范本

限表收集本部门产生和接收的各类文件,并划定保管期限。

第九条 档案部门每年年初发布文件年度归档计划编制通知,组织各部门编制部门文件归档计划。在对各部门提交的归档计划进行审查后,汇总发布公司文件年度归档计划。

第十条 电子文件的收集应在业务系统电子文件拟制、办理过程中完成,声像类电子文件、在单台计算机中经办公、绘图等应用软件形成的电子文件的收集由电子文件形成部门基于电子档案管理信息系统或手工完成。

电子文件的鉴定除划定保管期限外,还应对电子文件的真实性、可靠性、完整性和可用性进行检测,检测合格方可归档。

第十一条 纸质文件整理应符合《归档文件整理规则》(DA/T 22)、《科学技术档案案卷构成的一般要求》(GB/T 11822)、《国家重大建设项目文件归档要求与档案整理规范》(DA/T 28)、《会计档案案卷格式》(DA/T 39)等国家或行业标准。

第十二条 整理归档文件立卷时,遵循文件形成规律,保持文件间有机联系,文件应齐全、完整,签章手续完备。不同价值或密级的文件应在保持其内在联系的前提下适当分开立卷。介于两种保管期限之间的文件,其保管期限一律从长;介于两种密级之间的文件,其密级一律从高。

第十三条 声像、实物等特殊载体形式的文件整理应符合相应制度的规定。

第十四条 电子文件的整理应符合《电子文件归档与电子档案管理规范》(GB/T 18894)、《数码照片归档与管理规范》(DA/T 50)等标准。

反映同一内容的电子文件的整理应与其他载体形式文件协调统一。

第十五条 具有永久保存价值的电子文件,必须形成一份纸质文件归档。

第十六条 归档文件装订应满足以下要求:

(一)优先保持文件原装订形式。对破损的文件,应先修补再装订;对非标准 A4 纸文件,应粘贴或折叠后装订。

(二)可采用单份文件装订或整卷装订。归档文件装订应牢固、安全、简便,做到文件不损页、不倒页、不压字,装订后文件平整,有利于归档文件的保护和管理。

(三)整卷装订应保持卷内文件有机联系,便于利用,装订厚度按实际情况确定。

(四)应根据归档文件保管期限确定装订方式,装订材料与保管期限要求相匹配。相同期限的归档文件装订方式应尽量保持一致，不同期限的装订方式应相对统一。

第十七条 文件归档应符合下列要求：

（一）归档文件的形成应符合有关技术标准，完整、准确、系统，使用耐久、可靠的记录载体和记录方式。

（二）归档文件应为原件，因故无原件的应将具有凭证作用的复制件或数字化副本归档。

（三）归档文件的份数由形成该文件的业务部门决定，一般一式一份，重要的、利用频繁的和有专门需要的可适当增加份数。

（四）非纸质文件应与其文字说明一并归档。外文文字材料若有汉译文的，应一并归档，无译文的要译出标题和目录后归档。翻译时以不改变档案原貌为原则，可另附翻译页，篇幅较短且内容重要的文件材料应全文翻译。

（五）电子文件应与其元数据一并归档，文件格式具备通用、开放、显示一致等性能，并支持向长期保存格式转换。版式文件格式应符合《版式电子文件长期保存格式需求》（DA/T 47）。特殊格式的电子文件应与其读取平台一并归档。

（六）加密的电子文件归档时一般应解密，必须加密的电子文件应与其解密软件和说明文件一并归档。

（七）经办公自动化系统形成的纸质文件归档正本的同时，应归档定稿。

第十八条 各类文件材料应及时整理、随办随归。同一内容不同载体文件材料的归档时间应一致。实物载体形式的文件在实物取得一个月内归档。电子文件逻辑归档宜定时进行，物理归档应与相应门类或内容的其他载体归档时间一致。

第十九条 文件形成部门应将归档文件清单随同已整理的纸质文件向档案部门移交。

第二十条 档案部门对移交的电子文件进行清点时，应进行真实性、可靠性、完整性、可用性检测，检测合格方可接收。

第二十一条 涉密文件归档管理按照公司有关规定执行。

第四章 奖　　惩

第二十二条 公司对归档工作表现突出，及时完成年度归档工作，归档文件齐全、完整、准确率高的部门和个人进行通报表扬或奖励。

第二十三条 公司对不按规定归档而造成档案损失的部门和个人，予以批评或采取其他处分措施。

第五章 附 则

第二十四条 本办法由公司档案部门负责解释。

第二十五条 本办法自印发之日起施行。

附件 文件材料归档范围和档案保管期限表（以境外某水电站为例）

序号	归档范围	保管期限	备注
1	综合管理部		
1.1	公司各部门职责分工有关的标准、制度规范、组织机构图等文件材料	永久	
1.2	公司年度、半年度工作计划和总结	永久	
1.3	董事会会议文件材料		
1.3.1	公司董事会构成及变更文件材料	永久	重要档案
1.3.2	董事会会议形成的文件材料		
1.3.2.1	会议决议、决定、纪要、工作报告、领导讲话、讨论通过的文件、会议记录、重要照片、录音、录像等	永久	重要档案
1.3.2.2	讨论未通过的文件材料	30年	
1.4	政府机关部门文件材料		
1.4.1	项目商务谈判决议、决定、纪要，BOT项目购电协议PPA（Power Purchase Agreement）、特许经营协议CA（Concession Agreement）、公司与当地政府签订的环境保护协议、调度相关文件、EDC相关文件等	永久	重要档案
1.5	会议管理文件材料		
1.5.1	公司会议管理有关标准、制度规范	永久	
1.5.2	党政联席会（会议通知、会议议题、会议签到表、会议记录、会议纪要、音像记录等）	永久	重要档案
1.5.3	总经理工作会（各部门汇报材料、会议通知、会议签到表、会议纪要等）	永久	重要档案
1.5.4	公司专题会议（各部门汇报材料、会议通知、会议签到表、会议纪要等）	永久	
1.6	公司上传下达、下情上传过程产生的文件材料		
1.6.1	公司向上级单位的请示、报告和有关上级单位的批复		

续表

序号	归 档 范 围	保管期限	备 注
1.6.1.1	有批复的涉及公司改革发展、重要经营管理、重要人事任免事项的	永久	重要档案
1.6.1.2	有批复的涉及公司日常经营管理事项的,无批复的涉及公司改革发展、重要经营管理、重要人事任免事项的	30年	
1.6.1.3	公司各部门的请示、报告与公司的批复、批示,一般事务性问题的	30年	
1.6.2	公司收到上级单位等相关机构制发的文件材料		
1.6.2.1	涉及公司改革发展、重要经营决策事项的	永久	
1.6.2.2	涉及公司主营业务并应贯彻执行的	30年	
1.6.2.3	涉及公司日常经营管理相关的	30年	
1.6.3	公司与有关单位业务联系的函件	30年	
1.6.4	公司收到的运行单位的请示、报告、函与批复、复函等文件材料		
1.6.4.1	涉及资产处置、人事任免等重要事项的	永久	重要档案
1.6.4.2	涉及日常经营管理事项的	30年	
1.7	档案工作文件材料		
1.7.1	公司档案工作有关的标准、制度规范	永久	
1.7.2	公司档案全宗卷	永久	重要档案
1.7.3	档案案卷/文件总目录(目录数据库)	永久	重要档案
1.7.4	档案信息数据库	永久	
1.7.5	档案接收登记簿	30年	
1.7.6	档案鉴定、销毁清册	30年	
1.7.7	档案利用登记簿	30年	
1.8	保密工作文件材料		
1.8.1	公司保密工作有关的标准、制度规范、年度计划和总结	永久	
1.8.2	公司保密工作年度计划和总结	永久	
1.8.3	员工保密工作责任书、承诺书	永久	
1.8.4	检查的通知、汇报材料、支撑性材料等上级单位专项保密检查文件材料	30年	
1.9	公司印章管理文件材料		
1.9.1	公司印章管理有关标准、制度规范	永久	
1.9.2	公章刻制申请、审批、启用、作废文件材料	永久	重要档案
1.9.3	公司公章使用和审批登记表	永久	

附录 C　制度范本

续表

序号	归 档 范 围	保管期限	备 注
1.10	人事工作文件材料		
1.10.1	公司人事工作有关的标准、制度规范	永久	
1.10.2	公司年度用人需求计划和招聘计划	永久	
1.10.3	领导干部管理文件材料		
1.10.3.1	公司干部考察、任职公示材料	永久	
1.10.3.2	公司领导班子成员后备推荐表	永久	
1.10.3.3	中层干部岗位调整文件材料	永久	
1.10.3.4	公司领导班子和领导人员考核评价评分表、统计表	永久	
1.10.4	员工管理文件材料		
1.10.4.1	公司与员工签订的劳动合同、补充协议	永久	
1.10.4.2	公司人员录用、转正、聘任、调资、定级、辞职等文件材料	永久	
1.10.4.3	公司破格提拔员工文件材料	永久	
1.10.5	年度人工预算表，年度人工成本核算表	永久	
1.10.6	员工绩效考核评分表、汇总表、结果调整审批表	永久	
1.10.7	绩效奖金审批材料	永久	
1.10.8	员工奖励、获奖等表彰文件材料	永久	
1.10.9	员工培训文件材料		
1.10.9.1	公司内部培训计划表	30 年	
1.10.9.2	培训签到表、结果反馈等内部培训文件材料	30 年	
1.10.9.3	培训报名表、审批单、证书复印件等外部培训文件材料	30 年	
1.11	商务及外事工作文件材料		
1.11.1	公司商务及外事工作有关的标准、制度规范	永久	
1.11.2	与各级政府部门往来公函	永久	重要档案
1.11.3	开具给电力公司的电费收入发票	永久	重要档案
1.12	社会责任、对外捐赠工作文件材料		
1.12.1	公司社会责任、对外捐赠工作有关的标准、制度规范	永久	
1.12.2	公司社会责任、对外捐赠工作年度计划、总结	永久	
1.12.3	对外捐赠工作、对外捐赠记录文件材料	永久	
1.13	公共事件应急管理、安全保卫和维稳工作中形成的文件材料		
1.13.1	公司公共事件应急管理、安全保卫和维稳的标准、制度规范	永久	
1.13.2	公司公共事件应急管理、安全保卫和维稳的工作计划、报告	永久	

续表

序号	归档范围	保管期限	备注
1.13.3	处理公共应急事件、安全保卫事件、维稳事件中所产生的记录、报告等文件材料	永久	
1.14	履职待遇、业务支出、公务接待工作文件材料		
1.14.1	履职待遇、业务支出、公务接待工作标准、制度规范	永久	
1.14.2	履职待遇、业务支出、公务接待组织、监督、检查等工作文件材料	30年	
1.14.3	领导班子履职待遇、业务支出预算表等工作文件材料	30年	
1.15	办公用品、办公用房、工服、车辆管理、会议室等后勤工作文件材料		
1.15.1	公司办公用品、办公用房、工服、车辆管理、会议室等后勤工作的标准、制度规范	永久	
1.15.2	车辆使用台账	30年	
1.16	公司管理创新、复盘工作文件材料		
1.16.1	公司复盘、管理创新等有关的标准、制度规范	永久	
1.16.2	上报国内母公司管理创新论文大赛的论文、汇总表等文件材料	30年	
1.16.3	公司各部门、各业务复盘报告	30年	
1.17	公司主要业务完成情况后评价文件		
1.17.1	公司工程建设和投融资等重大项目后评估报告及其附件（包括证据性资料等）	永久	重要档案
1.17.2	公司主要业务阶段性完成情况评估报告及其附件	30年	
1.18	公司宣传工作文件材料		
1.18.1	公司宣传工作有关的标准、制度规范	永久	
1.18.2	公司宣传年度计划、总结	永久	
1.18.3	当地媒体对公司重要报道纸质版	永久	
1.18.4	公司宣传片、宣传画册	永久	
1.19	公司文秘工作、公文写作有关的标准、制度规范等文件材料	永久	
1.19.1	公司获得的奖杯、奖状、证书、奖牌等荣誉文件材料	永久	
1.20	工会工作文件材料		
1.20.1	公司工会工作有关的标准、制度规范	永久	
1.20.2	工会年度工作计划、总结、统计报表	永久	
1.20.3	工会委员会会议通知、会议纪要、会议签到表等材料	永久	
1.20.4	工会经费使用记录，人文关怀、慰问金帮扶记录	永久	

附录C 制度范本

续表

序号	归档范围	保管期限	备注
1.20.5	工会工作自查报告文件材料	30年	
1.20.6	女工工作、职工维权等方面文件材料	30年	
1.20.7	民主管理工作形成的文件材料	30年	
1.20.8	工会活动方案、费用预算、批复等文件材料	30年	
1.21	党务工作文件材料		
1.21.1	公司党务工作有关的标准、制度规范	永久	
1.21.2	公司党务工作年度工作计划、工作要点、总结	永久	
1.21.3	党建工作责任书	永久	
1.21.4	党支部会议材料（会议通知、签到表、会议记录、会议纪要等）	永久	
1.21.5	党支部建设情况及换届文件材料	永久	
1.21.6	"评先树优"评选文件材料	永久	
1.21.7	公司党支部印章及使用登记表	永久	
1.21.8	党员领导干部民主生活会会议方案、对照检查材料、签到表、民主生活会情况的报告等相关材料	永久	
1.21.9	年度党建工作责任制自查报告及党支部书记述职报告等文件材料	30年	
1.21.10	党内主题实践活动文件材料（活动通知、方案、会议、心得体会等）	30年	
1.21.11	党支部组织学习文件材料、签到表	30年	
1.21.12	党务公开内容及台账	30年	
1.22	纪检监察工作文件材料		
1.22.1	公司纪检监察工作有关的标准、制度规范	永久	
1.22.2	公司纪检监察年度工作计划、总结、自查报告	永久	
1.22.3	效能监察专项会议、立项表、过程记录、监察建议、整改等文件材料	永久	
1.22.4	信访举报相关文件材料	永久	
1.22.5	党风廉政和反腐倡廉专题会议通知、签到表等文件材料	永久	
1.22.6	反腐倡廉相关文件材料		
1.22.6.1	公司"三重一大"决策事项报告	永久	
1.22.6.2	廉洁从业教育相关文件材料	永久	
1.22.6.3	反腐倡廉责任书	永久	
1.22.6.4	反腐倡廉月报	30年	
1.23	法务工作文件材料		

续表

序号	归档范围	保管期限	备注
1.23.1	公司法务工作有关的标准、制度规范	永久	
1.23.2	法律事务处理文件材料		
1.23.2.1	法律事务调查、协调过程文件材料、律师法律意见书等结论性文件材料	永久	
1.23.2.2	法律纠纷案件文件材料	永久	重要档案
1.23.2.3	与外聘律师事务所来往函件等文件材料	永久	
1.23.3	公司法务工作总结	永久	
1.23.4	公司法务工作月报	30年	
1.24	公司合同管理文件材料		
1.24.1	合同/协议/租赁书及其附件（会签单、附录、附图、修订或变更、索赔、终结纪要、中止通知等）	永久	重要档案
1.24.2	招标文件、中标的投标文件、评标报告及其附件（对比分析表、计算资料等）、招/投标书的澄清与补遗、中标通知、合同谈判纪要和记录、项目招标工作总结	永久	
1.24.3	询价书、市场行情调查表、邀请函、建议报告	30年	
1.24.4	工程材料质量监理、抽验、验收等相关文件	30年	
2	财务管理部		
2.1	公司财务管理、税务管理、预算管理、资产管理、资金管理、产权管理等有关的标准、制度规范、年度工作计划和总结	永久	
2.2	财务管理文件材料		
2.2.1	年度财务会计报告、审计报告	永久	重要档案
2.2.2	财务咨询报告、分析报告	30年	
2.2.3	财务快报	30年	
2.3	预算管理文件材料		
2.3.1	公司年度预算申报、调整的请示、批复等文件材料	永久	
2.3.2	公司财务预算执行情况报告	永久	
2.3.3	公司年度预算布置、准备、预算调整审核等工作通知、会议文件材料	30年	
2.4	税务管理文件材料		
2.4.1	公司税务清缴报告	永久	重要档案
2.4.2	税务咨询报告、税务管理工作报告	30年	
2.5	产权及资产管理文件材料		

附录C 制度范本

续表

序号	归档范围	保管期限	备注
2.5.1	产权证书	永久	重要档案
2.5.2	产权设立、变更、注销的请示、批复等文件材料	永久	重要档案
2.5.3	产权处置及转让工作中产生的请示、批复、协议等文件材料	永久	重要档案
2.5.4	资产评估工作管理文件材料	永久	
2.6	经营业绩考核文件材料		
2.6.1	公司年度利润分配文件材料	永久	
2.6.2	公司经营业绩考核责任书、年度业绩考核指标执行、完成情况报告	30年	
2.7	资金管理文件材料		
2.7.1	与进出口银行来往文件材料	永久	重要档案
2.7.2	与当地银行来往文件材料	永久	重要档案
3	生产技术部		
3.1	与国家电力公司相关电力生产文件材料		
3.1.1	电站关口电量计量抄表记录	30年	
3.1.2	电站关口电量计量表校验记录	30年	
3.1.3	电力生产调度指令记录表	30年	
3.2	上报国内母公司电力生产相关月报表等文件材料		
3.2.1	公司经营月报、月度生产运营分析报告、电力生产月报、季度经营活动分析报、年度发电计划、电力生产事故月度年度统计及设备一类障碍报告	30年	
3.2.2	电站设备指标数据统计表、电站可靠性数据报表、电站厂损率和综合厂用率计算统计表	30年	
3.3	电站设备检修技改文件材料		
3.3.1	公司电力设备检修技改工作有关的标准、制度规范	永久	
3.3.2	设备年度检修技改计划	30年	
3.3.3	设备年度检修技改的方案、组织措施、安全措施、技术措施、环境保护措施、质检验收资料、试运行资料、验收资料等	30年	
3.3.4	设备年度检修技改总结	30年	
3.3.5	设备异动申请单、异动报告单、异动培训交底单等设备异动管理文件材料	30年	
3.3.6	设备电气预试报告	30年	
3.4	保护定值计算、定值修改申请及回执单	永久	

续表

序号	归 档 范 围	保管期限	备 注
3.5	电站电力生产质量管理文件材料		
3.5.1	公司电力生产质量管理有关的标准、制度规范	永久	
3.5.2	质量事故处理文件	永久	
3.5.3	报奖资料，产品创优证书	永久	
3.5.4	质量管理体系培训文件	30年	
3.5.5	质量月活动、质量检查考核文件	30年	
3.6	电站电力生产科技管理文件材料		
3.6.1	公司电力生产科技管理有关的标准、制度规范	永久	
3.6.2	年度科技投入预算	30年	
3.6.3	年度科技管理总结	30年	
3.7	技术监督管理工作文件材料		
3.7.1	公司设备技术监督有关的标准、制度规范	永久	
3.7.2	技术监督管理方案，机电监督实施细则，工作会议纪要	永久	
3.7.3	生产技术监督年度计划，半年、年度总结，会议纪要	永久	
3.7.4	生产技术监督各专业月度、季度报表	30年	
3.8	设备缺陷管理工作文件材料		
3.8.1	公司设备缺陷管理有关的标准、制度规范	永久	
3.8.2	设备缺陷管理月报，设备缺陷管理汇总表，会议纪要等文件材料	永久	
3.9	设备评级管理工作文件材料		
3.9.1	公司设备评级有关的标准、制度规范	永久	
3.9.2	设备评级实施方案，设备评级工作通知	永久	
3.9.3	设备评级会议纪要	30年	
3.10	物资管理工作文件材料		
3.10.1	公司物资管理有关的标准、制度规范	永久	
3.10.2	仓库台账、设备资产台账	30年	
3.10.3	设备验收入库单、设备物资出库单	30年	
3.10.4	设备物资盘点表及报告	30年	
3.10.5	设备物资报废处理资料（含报废申请、审批、处置结果等）	30年	
3.11	标准化管理文件		
3.11.1	标准化年度工作计划和总结	30年	
3.11.2	标准化工作培训材料	30年	

附录 C 制度范本

续表

序号	归档范围	保管期限	备注
3.11.3	标准化工作检查、考核管理资料	30年	
4	安全环境部		
4.1	公司安全管理及三项业务有关的标准、制度规范	永久	
4.2	安全管理及三项业务年度工作计划、总结、统计报表	30年	
4.3	安全生产投入费用台账、记录等	30年	
4.4	安委会、安全生产分析会、安全监督网会、安全生产专题会、年度安全总结会会议材料、会议纪要、视频照片等	30年	
4.5	安全管理记录		
4.5.1	安全月报	30年	
4.5.2	日常安全检查、综合安全检查、专项安全检查、节假日安全检查通知、照片、记录、总结会纪要、安全简报等	30年	
4.5.3	应急演练通知、方案、记录、视频照片、总结等	30年	
4.5.4	教育、培训、考试通知、内容、记录、视频照片等	30年	
4.5.5	外来参观人员安全教育记录、视频照片等	30年	
4.5.6	外委工程施工单位安全技术方案、作业人员资格证复印件、现场安全文明施工检查记录、照片等	30年	
4.5.7	新购安全工具器及劳动防护用品验收检查记录	30年	
4.5.8	安全性评价报告、安全标准化报告、应急能力建设评估报告、危险源辨识评估报告、专项安全活动报告等	30年	
4.6	事故事件处理文件材料		
4.6.1	安全事故报告记录、现场照片、调查报告、处理报告等	永久	重要档案
4.6.2	环境污染事件处理、现场照片、调查报告、处理报告等	永久	重要档案
4.7	防洪度汛方案、值班记录、检查记录等	30年	
4.8	消防工作文件材料		
4.8.1	消防器材检验报告、合格证、质量证明书等	30年	
4.8.2	防火消防改造方案、施工记录、验收报告等	30年	
4.8.3	消防器材台账、检查记录等	30年	
4.9	职业健康		
4.9.1	健康体检报告、职业健康档案	30年	
4.9.2	职业危害因素辨识监测记录、职业健康宣传活动记录、实施记录等	30年	

续表

序号	归档范围	保管期限	备注
4.10	环境保护实施协议、环境影响评价报告、水质检测报告等	永久	重要档案
4.11	节能减排		
4.11.1	节能减排改造方案、效果评价等	30年	
4.11.2	高耗能设备台账、节能减排宣传活动记录等	30年	
5	电站运维部		
5.1	安全管理（机组检修、外委工程安全技术交底记录等）（班前、班后会、班组活动）	30年	
5.2	调度运行		
5.2.1	电站电气运行日志、机械运行日志、交接班日志	30年	
5.2.2	电力运行		
5.2.2.1	每日发电量记录、大坝泄洪记录、电站调度指令记录、调度电量统计记录	30年	
5.2.2.2	各电站设备定期运行工作记录	30年	
5.3	设备运行		
5.3.1	设备运行状况分析报告、年度运行维护总结报告	30年	
5.3.2	运行与维护记录		
5.3.2.1	设备巡检记录、设备缺陷记录、两票记录	30年	
5.3.2.2	设备消缺记录、输电线路巡视记录、输电线路维护记录	30年	
5.4	安全监测		
5.4.1	环境量监测、变形监测、渗流监测、应力应变及温度监测等原始记录	永久	重要档案
5.4.2	监测报告（月报、年报、专题分析报告）	永久	
5.4.3	巡视检查记录和监测仪器的检定报告	30年	
5.4.4	水情监测		
5.4.4.1	水情遥测点巡检记录、水情遥测点维护记录	30年	
5.4.4.2	水情日报、水情月报、水情年报	30年	
5.4.5	水工建筑物巡视检查记录、巡视维护记录	30年	

C.5 电建海投公司所属境外企业档案整理规范

第一章 总 则

第一条 为规范公司档案整理的原则和方法，根据上级单位相关规定并结合公司实际，制定本办法。

第二条 凡属公司归档范围的文件材料，各部门必须按规定进行收集、整理，并按时向档案部门移交，由档案部门完成档案整理工作。任何个人不得将文件材料自行保存或随意处理。

第三条 档案整理是指将归档文件以件或卷为单位进行装订、分类、排列、编号、编目、装盒，使之有序化的过程。

第二章 基本要求

第四条 遵循文件的形成规律，保持文件之间的有机联系，简化整理，根据档案价值划分优先等级，对重要档案单独整理，便于保管和利用。

第五条 在"所在国优先"的原则下，对于所在国有强制性要求的，遵从其要求；所在国无强制性要求的，在国内标准的基础上进行档案整理。

第六条 公司经营管理工作、生产技术管理工作、行政管理工作、党群工作等形成的各类归档文件，按件进行整理。投资项目档案整理在国内相关行业标准的基础上进行整理。

第七条 归档文件应齐全完整。已破损的文件应予修整，字迹模糊或易褪变的文件应予复制。整理归档文件所使用的书写材料、纸张、装订材料等应符合档案保护要求。

第三章 整理程序

第八条 归档文件的分类：

在文件材料收集齐全的基础上，按照档案分类表，将文件材料正确分类，并依据档案保管期限表进行科学、合理的档案价值鉴定，准确划分保管期限。

保管期限划分为永久和 30 年。

第九条 归档文件的整理和装订：

归档文件以"件"为单位进行整理和装订。一般以每份文件为一件，或与一个事由紧密联系的相关文件为一件。装订时，正本在前，定稿在后；正文在前，附件在后；原件在前，复制件在后；转发文在前，被转发文在后；报表、名册、图册等一册（本）为一件，来文与复文为一件时，复文在前，来文在后；结论性材料在前，依据性材料在后；文件处理单在前，文件在后。装订应使用符合档案要求的装订材料和用具。

第十条 归档文件的排列及编号：

（一）归档文件的排列

同一事由内归档文件的排列，按文件形成时间的先后顺序排列；不同事由间归档文件的排列，按照不同事由形成时间的先后顺序排列。会议文件、统计报表等成套性文件可集中排列。

（二）归档文件的编号

按照文件级整理的归档文件材料，将档号统一标注于文件封套或首页空白处，档案采用"分类号（或项目号、阶段号等）—文件顺序号"的结构。填写时应使用符合档案保护要求的字迹材料。

第十一条 归档文件的编目及装盒：

归档文件完成整理后应编制归档文件目录。归档文件应逐件编目。编目以"件"为单位进行，在目录中一件体现为一条目。如来文与复文作为一件时，在归档文件目录中只对复文进行编目。归档文件目录包括档号、责任者、文号、题名、日期、页数、备注项目。责任者指制发文件的主办部门或署名者，应使用全称或规范简称；文号要填写完整；题名一般抄录文件题名，在文件有副题名时，在正题名能够反映文件内容时，副题名一般不必抄录。有的文件没有题名，或题名含义不清，不能揭示或不能全面揭示文件内容，应根据文件内容重新拟写或补充标题，并在新拟或补充标题之外加"[ ]"号。文件题名应有汉译文。日期指文件的形成时间，应以 8 位阿拉伯数字标注年、月、日，如 2008 年 8 月 8 日，标注为 20080808。页数是指每一件归档文件的总页数。备注是指注释文件需说明的情况。

编制完成的归档文件目录应置于每盒归档文件之上。重要档案应单独装盒编目，并体现标识。

第十二条 归档文件装具优先使用由档案行政管理部门监制、符合档案保管与管理要求的无酸纸档案盒。存放重要档案的档案盒应放置在便于搬运的装具内。装盒时，应按照分类方案，将同一机构（问题）、同一保管期限的文件按照档号顺序装入一盒或若干盒。并填写案卷封面信息、盒脊及备考表项目。

第十三条 档案部门应在档案整理完毕入库后，及时更新档案统计台账及档案库房索引等信息。

第四章 附 则

第十四条 公司制定的其他专项档案整理制度等为本办法的补充。

第十五条 本办法自印发之日起执行，由公司档案部门负责解释，并在执行中修改和完善。

C.6　电建海投公司所属境外企业档案保管保密管理办法

第一章　总　　则

第一条　为维护公司境外档案的完整与安全，防止档案损毁，最大限度地延长档案使用寿命，依据《中华人民共和国档案法》《企业境外档案管理办法》《档案馆建筑设计规范》和上级单位境外档案管理有关规定，结合公司业务实际，制定本办法。

第二条　本办法所称境外档案是指公司在境外从事生产、经营、管理或项目合作等活动中形成的，具有保存价值的各种形式的文件材料。本办法所称档案库房是公司在境外设立的专门保管档案的场所。

第三条　公司境外档案实行"境外企业负责人责任制"。

第二章　境外档案保管保密的总体要求

第四条　公司应因地制宜地增加档案保管投入。

第五条　对于非涉及敏感信息的档案保管可选择有保管能力的其他中国企业档案机构或具备相应资质的档案中介机构进行委托管理。

第六条　为便于管理，应将境外档案划分为特别重要、重要、一般等级别。

特别重要档案主要包括产生于境外的资质许可证、执照、不动产权证、合同协议、会计资料等，及其他具有重要凭证价值的境外资料。一般档案主要是公司在境外内部产生的文件材料。

除特别重要和一般等级外的档案可划为重要档案。特别重要和重要档案单独排列或作出特殊标识。

第三章　档案库房管理员职责

第七条　境外各子公司档案库房管理员应设置专人且保持人员稳定。

第八条　严格遵守档案安全、保密的有关规定。

第九条　认真保管档案，未经允许不得携带档案外出、外借，严防遗失。

第十条　每周进行一次档案库房安全巡检，如遇汛期或其他安全风险隐患增加时应加强库房检查频率，巡检中发现异常情况应及时报告并采取有效措施，确保档案安全。

第四章 档案保管条件

第十一条 档案保管场地

（一）视公司员工人数确定档案保管场地及要求，员工人数达 100 人及以上的，应有专门的库房，保管要求参照国内执行。员工人数为 20 人及以上、不足 100 人的，境外档案保管应有类似库房的独立区域，具备基本的档案安全保管条件，配备必要的设施设备，由专人负责管理。员工人数不足 20 人的，境外档案保管应有专用柜具，由专人负责管理。

（二）档案保管场地应与办公室分开，场地面积应至少满足未来三年境外档案增长的需要。

（三）档案库房应满足防火、防潮、防水、防日光直射和紫外线照射、防尘、防污染、防有害气体、安全防范等要求。尽量选择地质条件较好、远离自然灾害、远离易燃、易爆和污染源、远离安全风险较大的地段作为档案保管场地。档案库房不得设于地下空间；设于顶层时，应采取保温、隔热措施。

（四）档案库房楼面均布活荷载标准值不应小于 $5kN/m^2$，采用密集架的不应小于 $12kN/m^2$。

（五）档案库房应配置温湿度监控设备、灭火器材、防光窗帘、防盗门窗等必要设施。根据需要可配置除尘器、消毒柜、去湿或加湿机、空气净化器等设备。

（六）档案库房宜采用惰性气体或洁净气体灭火器。

（七）档案库房应配备防霉防虫药品、吸湿剂等低值易耗品。

第十二条 档案柜架

（一）档案库房内应根据楼面均布活荷载及档案载体保管需要，配备适当的档案柜架。档案柜架应牢固耐用，并具有防火、防盗、防尘等作用。

（二）对安全风险较大的档案保管场地，应增加便于档案转移的装具。

（三）档案装具应充分利用库房面积，成行垂直于有窗的墙面，整齐划一，符合规范化要求。

（四）珍贵档案、重要档案可使用保险装具保存。

（五）电子档案的保管应满足电磁安全屏蔽要求，配置防磁柜等必要设备。

第十三条　不具备档案安全保管条件的，应当将档案存放于就近的安全场所；无法达到上述要求的，应将重要级以上的档案运回国内，交由母公司保管。

第十四条　上述条件都不具备的，应及时将档案进行数字化扫描，并将档案数字化扫描件移交国内投资主体或母公司保存。

第五章　档案库房管理

第十五条　档案库房管理坚持"以防为主，防治结合"原则，应切实做好档案库房安全防范工作。

第十六条　档案库房不得堆放与档案无关的物品，做到专室专用。

第十七条　档案库房是档案保护和贮存的重要基地，任何人未经允许不得进入。

第十八条　档案人员进入档案库房不得从事与库房管理无关的活动。

第十九条　档案人员应定时测记库房内温湿度并登记，采取相应措施将纸质档案库房温度控制为14～24℃，相对湿度控制为45%～60%。特殊档案库房的温湿度要求应符合《档案馆建筑设计规范》（JGJ 25）规定。

第二十条　档案库房钥匙至少配备三套，除档案人员外，还应将钥匙交由负责消防工作的人员保管一套和放置于加封条的玻璃箱一套。

第六章　保管工作要求

第二十一条　档案人员应按照档案柜架排列走向和顺序依次编排列号、架柜号、格层号，绘制并明示档案柜架排列位置示意图。

第二十二条　境外档案排架应按照档案内容的重要性进行，自档案库房出入口起，先重要、后一般地排列档案。重要档案还需按照抢救优先、次优先的顺序进行集中排列并作出标识并进行异地异质备份。

第二十三条　视公司所在地安全风险情况确定档案装具，安全风险等级较高时宜将档案先装箱、再上架。架上按箱的先后次序排列，并将抢救优先级最高的档案单独排列在便于抢救的出入口处。

第二十四条　除有档案保管本地化要求的国家外，档案人员应根据归属和流向不同，将档案分地点、分库、分位保管，并作出标识。

第二十五条　档案人员对新接收入库档案应进行严格检查，对发现有污损、虫蛀、霉变或其他问题的档案须按档案保护技术要求处理后入库。

第二十六条 档案人员应严格档案出入库登记管理，档案出入库时，应对档案的完整性、原始性进行检查。

第二十七条 档案人员应定期检查库藏档案的保管状况，包括档案霉变、虫蛀、鼠咬等现象或潜在隐患，库藏档案秩序、借用归还情况等，并做好检查记录。

第二十八条 档案人员应定期清点库藏档案，特别是企业搬迁或突击性大规模利用档案后应及时清点，做到账实相符。库藏档案数量发生变化时，应记录说明。

第七章 保密工作要求

第二十九条 涉密档案应与非涉密档案分开保管，确保涉密档案信息安全。

第三十条 档案人员应自觉遵守党和国家有关保密工作的各项规定，严格执行公司保密工作管理办法，杜绝失泄密事件发生。

第三十一条 档案人员不得私自将档案带出库房，或采用拍照、复制、摘录等方式泄露档案信息。

第三十二条 档案利用者在利用档案过程中，不得向无关人员泄露档案信息。

第八章 附 则

第三十三条 本办法由公司档案管理部门负责解释。

第三十四条 本办法自印发之日起实施。

C.7　电建海投公司所属境外企业档案利用管理办法

第一章　总　　则

第一条　为加强公司境外档案利用管理，有效开发和利用公司档案资源，最大限度地发挥境外档案的凭证和参考作用，依据《中华人民共和国档案法》《企业境外档案工作规范》和上级单位境外档案管理有关规定，结合公司业务实际，制定本办法。

第二条　本办法适用于公司境外档案利用管理。

第三条　本办法所称境外档案是指公司在境外从事生产、经营、管理或项目合作等活动中形成的，具有保存价值的各种形式的文件材料。

第四条　本办法所称档案利用是指采用多种有效的方式，直接提供档案及其信息加工材料，及时、准确地满足用户对档案的利用需求。

第二章　利用方式及要求

第五条　传统载体档案的主要利用方式有：阅览、出借和复制。电子档案的主要利用方式有：网络查阅、传送和拷贝。优先利用电子档案。

第六条　阅览

（一）利用者应在档案阅览室或档案人员指定地点阅览档案。

（二）利用者不得在档案上勾画、圈点、涂改、批注，不得破坏档案原貌。

第七条　出借

（一）档案一般不出借使用，确因工作需要必需档案原件的，可暂时出借。

（二）利用者一般应当天归还所借档案，特殊情况不超过三天；到期不能归还的应向档案人员说明原因，并办理续借手续。

（三）利用者不得将档案自行拆散或变更次序，不得将档案转借、转抄、损坏、遗失。

（四）利用者不得将档案带离公司所在国。

（五）归还档案时，档案人员应认真清点、检查，注销借出记录，若发现档案有被拆散、抽换、涂改、散失、污损等现象，应及时交涉并报告。

第八条 复制

（一）利用者应明确说明复制的要求、份数、用途等。

（二）档案人员应负责将复制件与原件进行细致校对，校对无误后应加盖复制印章。

第九条 网络查阅

（一）档案利用权限由电子档案管理信息系统自动分配，利用权限外档案须经系统审批后提供利用。

（二）利用者经检索档案目录未实现检索目的的，可寻求档案人员帮助。

（三）电子档案的利用登记应在电子档案管理信息系统中完成。

第十条 网络传送和拷贝

（一）电子档案必须通过公司邮箱或公司内部通信工具进行传送。

（二）拷贝电子档案前应检查磁盘、光盘的安全性，并在拷贝后检查电子档案的可用性。

（三）档案人员应对电子档案的网络传送和拷贝利用情况做好记录。

（四）利用者不得私自传送和拷贝电子档案。

第十一条 利用者利用权限内传统载体档案时，应填写《档案利用登记表》。利用者利用权限外传统载体档案时，应填写《档案利用审批登记表》并履行审批手续，获得批准后方可利用。

第十二条 残旧、容易破损和特别珍贵的档案不提供利用档案原件。

第三章 档案利用权限

第十三条 根据公司档案利用者来源的不同，将档案利用分为公司中方员工利用、外方员工利用、非公司内部利用。

（一）公司中方员工的利用权限

1. 利用公司普发性归档文件无须审批。

2. 利用形成流程为经过或分发的归档文件无须审批。

3. 利用本部门形成的档案无须审批。

4. 利用公司党内档案、审计档案、会计档案、重要会议决议等专业性、敏感性较强的档案，须经档案部门负责人签署意见，档案形成部门负责人审批。

5. 利用上述四种情况外的档案，须经档案部门负责人审批。

（二）公司外方员工的利用权限

1. 利用公司普发性归档文件无须审批。

2. 利用形成流程经过或分发的归档文件无须审批。

3. 利用公司党内档案、审计档案、会计档案、重要会议决议等专业性、敏感性较强的档案，须经公司负责人审批。

（三）除涉及敏感信息档案的利用外，境外档案利用的审批流程可适当简化，以提高利用效率。

（四）非公司内部利用，须经档案形成部门、法务部门、公司负责人审批。

第十四条 电子档案与传统载体档案的利用权限一致。

第十五条 非公司内部利用公司档案，原则上应持有单位工作联系函、利用人有效身份证件。

第四章 附 则

第十六条 本办法由公司档案管理部门负责解释。

第十七条 本办法印发之日起实施。

C.8　电建海投公司所属境外企业公司档案处置办法

第一章　总　　则

第一条　为规范公司境外档案处置行为，根据《中华人民共和国档案法》《国有企业资产与产权变动档案处置暂行办法》《企业境外档案管理办法》的规定和上级单位境外档案管理有关规定，结合公司业务实际，制定本办法。

第二条　本办法适用于公司到期境外档案的鉴定与销毁、境外档案运回、资产与产权变动中境外档案处置等工作。

第三条　公司境外档案处置工作应遵循以下原则：

（一）维护国家安全和国家利益，保守国家机密和企业商业秘密，防止档案散失。

（二）区别情况，依法、合理处置。

（三）维护档案的安全，便于有关方面对档案的利用。

第二章　档案处置工作组织保障及工作职责

第四条　公司档案处置工作应纳入公司资产管理工作，列入公司决策会议议程。

第五条　公司档案管理部门，会同业务部门组建公司档案工作处置工作组，具体开展档案处置工作，研究处理有关重大问题，并就鉴定处置意见书报上级单位审批同意后进行档案处置。

第六条　公司档案处置工作组的工作职责：

（一）收集、整理、统计、保管公司在各项活动中形成的全部档案，清点库存。

（二）按有关规定做好档案留存与销毁的鉴定工作。

（三）编制档案运回方案并妥善实施档案运回。

（四）编制资产与产权变动档案处置方案并做好档案的移交与接收。

第三章　档案处置方法

第七条　公司档案处置工作方法主要有三种：档案到期鉴定与销毁、档案运回国内、资产与产权变动档案处置。

第八条 档案到期鉴定与销毁

（一）公司对保管期限满的档案进行鉴定，鉴定工作由主管领导、主要业务部门负责人、财务部门负责人、档案部门负责人等组成的鉴定小组主持，对档案进行直接鉴定。

（二）档案鉴定前需制订鉴定方案，有计划有步骤地进行，确保鉴定质量，正确判定档案价值。

（三）鉴定结束后形成鉴定意见书，并报送国内上级单位审批同意后进行处置。

（四）经鉴定确无继续保存价值的档案应编制销毁清册（附件1），列明拟销毁档案的题名、年度、档案号、件（页）数、原期限、已保管年限，在履行销毁审批程序后可就地销毁；销毁档案需二人以上监督销毁，并在销毁清册上签字并注明年月日。销毁清册永久保存。

（五）电子档案鉴定与销毁参照上述要求执行。应从在线存储设备、备份系统中彻底删除应销毁的电子档案。鉴定销毁过程元数据应在电子档案管理信息系统中进行记录。被销毁的电子档案的元数据移入销毁数据库。离线存储介质中的应销毁电子档案应进行彻底删除。

（六）经鉴定，仍有保存价值的档案，应重新划定保管期限后继续保存。

第九条 档案运回国内

（一）公司定期组织将境外形成的档案运回国内，对于重要档案和无法长期安全保管的档案应及时运回国内。

（二）档案运回途径可选择回国人员随身携带、机要交换通道、信函快递、大件物品航运、大宗货物陆运、海运等方式。根据档案类型、数量和回国人员情况确定运回方式。

（三）档案运回需结合公司实际制定运回方案，方案应包括划定运回范围、计划运回时间，明确运回工作负责人、各环节责任人、联系人等。实施运回前须向上级单位报送运回方案，加强与上级单位联络，做好对接准备。随身携带的档案可仅履行交接登记手续。

（四）根据档案运回方案对档案进行清理，统计数量并登记造册。对涉及敏感信息档案的清理，应按公司档案保管保密制度执行。

（五）应选择可封闭、大小适合并具有一定安全保护的箱体作为运回装具。

按照档案清理后的排列顺序对档案依次装箱。装满封箱后，应在箱体上对箱内档案作简要说明或标识，并贴上封条。

（六）档案运回应按照所在国和我国海关要求，采用纸质文件方式或电子数据交换方式向海关办理进出境报关手续。档案出境按照所在国海关要求履行报关程序。档案入境宜按照文件类报关。并及时了解报关程序。海关查验时，应由专人负责档案搬移、开拆、重新封装等工作。

（七）运回工作负责人应及时跟踪档案运回过程节点，掌握运回情况。档案到达国内时，应与国内接收人员核对档案数量和实体情况。经核对无误的档案，双方应履行交接确认手续。如发生档案丢失或损坏，应与上级单位协同追溯，减少损失。

第十条 资产与产权变动档案处置

（一）公司发生资产与产权变动应及时报告国内上级单位申请档案处置事宜。

（二）公司发生资产与产权变动时应成立境外档案处置工作组。由主管领导、负责产权处置部门负责人和档案部门负责人组成，在公司负责资产与产权变动组织的领导下，负责档案处置工作，研究处理有关重大问题。

（三）资产与产权变动档案处置工作具体包括：

1. 收集、整理、统计、保管公司在各项活动中形成的全部档案，清点库存。

2. 应在资产与产权变动有关合同或协议中设置档案处置相关条款，或专门签订档案处置协议，并按照合同、协议或参照有关规定确定档案处置方案，做好档案的接收和移交。

3. 参照本办法第三章第八条内容做好档案留存与销毁的鉴定工作。对于企业关闭或撤销时需要继续保存的，应向国内上级单位移交。

4. 按照档案的去向分别编制档案目录。

5. 做好资产与产权变动中形成的文件材料的收集、整理、归档和移交工作。

（四）档案处置工作结束前，档案库房、设备、装具及必要的办公用具等，不得挪作他用。

（五）公司资产与产权变动中形成的档案，应由负责产权处置部门整理归档后，向公司档案部门或上级单位档案部门移交。

第四章 奖 励 与 处 罚

第十一条 有下列行为之一的，应当给予表彰或奖励。

（一）在档案运回工作中作出显著成绩的；

（二）在资产与产权变动档案处置工作中维护公司权益，避免或挽回重大损失的。

第十二条 对下列行为之一的，应按照公司有关规定追究相应责任。

（一）违犯本办法造成损失或严重后果的；

（二）擅自处理档案的。

第十三条 违反《档案法》的规定，擅自出卖、转让国家所有的档案，情节严重的，依法追究刑事责任。

第五章 附 则

第十四条 本办法由公司档案管理部门负责解释。

第十五条 本办法自印发之日起实施。

C.9 电建海投公司所属境外企业档案工作突发事件应急预案

第一章 总　则

第一条 为有效预防、及时处理因人为或自然因素引起的危及或可能危及档案安全和严重干扰档案工作秩序的突发性事件，最大限度地减轻对档案的损毁，提高应对各种险情的救援能力，确保档案资源安全，根据国家和上级单位有关规定，结合实际，制定本预案。

第二条 本预案适用于公司因人为或自然因素引起的危及或可能危及档案安全、严重干扰档案工作正常秩序的突发性事件的应急处置工作。

第三条 突发事件应急处置工作应贯彻统一领导、分级负责，坚持预防为主、预防与应急相结合。在保障人身安全的前提下，应用一切应急抢险措施和工具保护档案。抢救档案应优先于抢救其他财物。档案抢救按照"先重要，后一般"的原则，依次对最优先、优先、次优先和一般档案进行抢救。

第四条 将档案工作突发事件应急纳入公司安全应急管理体系，在公司档案工作突发事件应急指挥机构的统一领导下，各有关部门应认真履行职责，做好相应的应急处置工作。

第五条 突发事件发生后，根据现场情况，按照指示启动本预案。根据突发事件的破坏程度做出响应，采取有效措施抢救受损档案，迅速转移和妥善安置未受损档案，最大限度地减轻突发事件对档案的损毁，将影响降至最低。

第二章 组织机构及职责

第六条 在发生重大突发事件时，公司应与中国驻所在国使领馆、集团区域总部、当地政府部门建立处置档案突发事件联络协调机制，在启动本预案时统一行动、密切配合，提高应急处置效率。

第七条 应急指挥机构及职能

（一）公司档案工作突发事件应急处置领导小组（以下简称"领导小组"）

领导小组组长由公司档案工作分管领导担任，副组长由档案部门负责人担任，成员为档案工作部门、安全保卫部门有关部门负责人担任。

（二）领导小组主要职责

1. 组织、协调和指挥突发事件应急处置工作，决定启动和终止应急预案。

2. 做出应急处置决策，安排处置措施，组织和派员现场指导，协调相关部门分工与合作。

3. 组织事件调查和善后处理等工作。

第八条 应急处置机构及职能

（一）领导小组下设工作小组，工作小组设在档案部门。

工作小组组长由档案部门负责人担任，成员为档案专兼职管理人员。

（二）工作小组职责

1. 日常档案安全信息监测、采集、汇总和分析。

2. 强化安全管理，建立健全安全预警机制，消除各类安全隐患。

3. 组织应急预案的宣传、培训和演练。

4. 制定和完善公司档案工作应急处置方案。

5. 在突发事件发生时，及时报警，尽可能控制事态发展，并维护现场秩序。

6. 在突发事件发生时，及时报告领导小组，提出预警及预案启动的建议。

7. 在专业救灾部门到达前，组织人员进行自救。

8. 做好已疏散和抢救档案的安全保卫工作。

9. 承办领导小组交办的其他事项。

第三章　应急处置工作程序

第九条 应急保障

（一）将档案工作应急所需资源列入资金预算，做好应急物资储备。

（二）档案库房配备必要的监控和防护设施，档案人员定期进行检查，确保各项设备运转正常，急救器材可随时使用。

（三）档案人员要熟悉各类档案、重要检索工具、各种开关、设施的具体位置，加强对库房常用及备用钥匙的管理。

（四）对档案人员开展安全警示教育，对突发事件法律法规、应急处置、受损档案抢救与修复以及各种抢险工具使用等方面进行专业培训，并广泛宣传档案保护与应急处置知识，增强防范意识，提高应急能力。

（五）预先设定避险场所，做好突发事件处置工作的后勤保障。在发生突发事件时及时准备处置工作所需要的车辆、通信工具、转移档案所需的设备、临时保管档案所需的设施等。

第十条 应急预案的启动

在发生以下突发事件，严重威胁档案安全时，启动本预案：

（一）档案库房或库房附近区域发生火灾的。

（二）遭遇洪水或档案库房发生严重漏水、进水事件的。

（三）因人为、自然原因或其他原因造成档案库房建筑严重损害的。

（四）档案库房工作秩序受到冲击的。

（五）发生其他重大安全事故，危及档案安全的。

（六）所在地出现战争、动乱等严重的非传统安全事件等。

第十一条 处置区域

公司档案应急处置区域位于档案库房。

档案库房配备常用及备用钥匙。除档案人员外，将钥匙交由消防人员保管一套和放置于固定地点一套。

第十二条 抢救顺序

在抢救档案时，按以下顺序向临时安置场所转移和安置档案：

（1）永久保管的重要管理类档案。

（2）证照类实物档案。

（3）会计档案。

（4）声像档案。

（5）其他实物档案。

（6）其他管理类档案。

（7）档案检索目录。

第十三条 事件报告

（一）档案工作突发事件发生时，事故现场档案人员应及时报告工作小组，或直接将事故情况向领导小组报告，由领导小组视情况确定启动相应的应急响应。

（二）报告可采取电话等应急报告形式，报告内容应如实反映事件的全过程，不得隐瞒、缓报、谎报、漏报。

第十四条 应急响应

根据突发事件的性质、严重程度和影响范围，将档案工作突发事件分为重大突发事件和一般突发事件。

（一）重大突发事件及响应程序

当处置区域发生爆炸、火灾、水灾、地震等灾害事件，导致档案受到严重损毁、库房崩塌、人员伤害等情况，发生档案被盗、毁、泄密等事件，所在地出现战争、动乱等严重的社会安全事件时。应由领导小组组长负责率领小组成员指导应急处置和事故调查工作。处置措施：

1. 向中国驻所在国使领馆、所在国政府有关部门、国内投资主体或母公司等机构或单位报告，建立沟通联系机制，确保有效沟通和交换信息。集结领导小组及工作小组成员，统一指挥、协调各有关部门的工作。

2. 关闭处置区域总控电源。

3. 及时疏散滞留在处置区域内的相关人员。

4. 估计自身救援力量不足时，应立即寻求社会救援力量救援。在救援队伍到达之前，维护现场秩序，组织档案人员和保卫人员开展力所能及的自救及现场的安全保卫工作。

5. 在社会救援力量到达后，积极配合救援工作，提供档案分布、房屋结构等信息。按照档案抢救顺序抢救、转移并安置档案。

6. 对于受损档案，特别是水淹档案，应及时采取冷冻或干燥等相关措施，稳定档案的状态，避免灾情进一步扩大。

7. 档案出现被盗或泄密事件，应立即报警，并保护现场，严禁无关人员进入，积极配合有关部门开展调查取证工作。

8. 紧急情况下，如档案无法转移且信息泄露会对我国国家利益及本企业利益造成严重损害时，应急处置人员经请示应急工作领导小组批准后，可就地销毁相关档案。

（二）一般突发事件及响应程序

当处置区域出现电源漏电、烧烤异味、轻微进水，或发生虫害、鼠害，局部发生异常，主要设备设施出现重大故障等现象时，应由工作小组组长负责率领小组成员开展应急处置和事故调查工作。处置措施：

1. 档案人员立即进行安全检查，组织排除险情。

2. 根据事故原因通知有关人员对设备和线路进行检查、维修，排除事故隐患。

3. 库房进水时，组织人员进行清理。

4. 发生虫害、鼠害时，采取有效灭虫、灭鼠措施。

第十五条 善后处理

（一）档案清理和统计

对突发事件造成的档案损毁情况进行全面清理、统计、登记和评估，对能够修复和补充的档案采取相应措施。

（二）事件调查

领导小组及工作小组应对突发事件的原因、责任进行调查。相关人员应如实提供事件情况，全力配合调查工作。

（三）事件上报

重大突发事件发生后，领导小组在做好应急处置工作的同时，应及时向上级单位如实反映事件的全过程，形成书面报告，内容包括：

1. 事件发生的时间、地点、现场情况和影响范围。

2. 事件发生的简要经过、结果和档案损失情况的初步估计。

3. 事件原因分析。

4. 事件发生后采取的应急处置措施及效果。

5. 其他需要报告的事项。

（四）影响消除

如突发事件在社会上造成恶劣影响，使企业形象严重受损时，应尽快向媒体和社会公布事件真相，消除影响。

第四章　奖励与责任追究

第十六条　对在档案工作突发事件应急处置工作中作出突出贡献的，公司应予表彰和奖励。

第十七条　对在应急处置工作中，由于玩忽职守、渎职、违法违规等行为造成严重后果的，追究当事人责任。构成犯罪的，交由司法机关依法追究刑事责任。

第五章　附　　则

第十八条　本预案由档案部门负责解释。

第十九条　本预案自发布之日起实施。

参 考 文 献

[1] 马素萍. 国有企业档案管理体制的发展演变及特点 [J]. 档案学通讯, 1998 (1): 32-34.
[2] 宗培岭. 论建立二元企业档案工作管理体制 [J]. 山西档案, 2005 (3): 16-20.
[3] 张斌. "统与分": 对企业档案微观管理体制的思考 [J]. 档案学通讯, 2008 (3): 9-11.
[4] 徐拥军, 等. 国有企业境外档案监管体系研究 [M]. 北京: 中国文史出版社, 2019.
[5] 郭小明, 郭建军. 中国海外投资法律风险指引 [M]. 北京: 法律出版社, 2012.
[6] 国家档案局政策法规研究司. 境外国家和地区档案法律法规选编 [M]. 北京: 中国政法大学出版社, 2017.
[7] 《一带一路沿线国家法律风险防范指引》系列丛书编委会. 一带一路沿线国家法律风险防范指引 [M]. 北京: 经济科学出版社, 2016.
[8] 臧玉明, 杜春国, 李铮. "一带一路" 倡议下的境外投资开发实务 [M]. 北京: 中国人民大学出版社, 2019.
[9] 王英, 蔡盈芳, 黄磊. 电子文件管理 [M]. 北京: 清华大学出版社, 2016.
[10] 黄霄羽. 外国档案事业史 [M]. 北京: 中国人民大学出版社, 2014.
[11] 陈兆祦. 六十国档案工作概况 [M]. 北京: 档案出版社, 1995.
[12] 蔡盈芳. 《企业境外档案管理办法》制定背景、意义及实施要求 [J]. 中国档案, 2019 (1): 30-31.
[13] 蔡盈芳. 加强企业境外档案管理——《企业境外档案管理办法》解读 [J]. 机电兵船档案, 2019 (1): 14-17.
[14] 蔡盈芳. 《企业境外档案管理办法》内容要点 [J]. 中国档案, 2019 (2): 30-31.
[15] 张斌. 企业境外档案的跨区域和跨文化管理 [J]. 档案管理, 2008 (3): 13-15.
[16] 徐拥军, 舒蓉, 李孟秋. 我国企业境外档案管理面临的法律冲突与适用原则 [J]. 档案学通讯, 2018 (4): 9-14.
[17] 徐拥军, 李子林. 国有企业境外档案管理体系研究 [J]. 档案学研究, 2018 (3): 31-38.
[18] 徐拥军, 洪泽文, 王露露. 我国企业境外档案管理面临的挑战与对策 [J]. 浙江档案, 2018 (3): 7-9.
[19] 王洋, 蔡盈芳, 王露露. 试论企业境外档案管理体制及建设策略 [J]. 档案学通讯, 2021 (4): 63-70.
[20] 王洋, 吴旭良. 境外企业档案法律环境研究 [J]. 中国档案, 2021 (2): 60-61.
[21] 王洋, 袁瑞. 中央企业境外档案管理研究 [J]. 中国档案, 2020 (1): 68-69.
[22] 王洋. "一带一路" 倡议下境外档案管理探究 [J]. 档案天地, 2017 (9): 38-40.

参考文献

[23] 刘凯,王洋. 境外投资项目"三维四层"档案管理体系的构建与实施[J]. 北京档案,2021(5):23-25.

[24] 王露露,王洋,夏志鹏. 新形势下境外企业档案管理面临的问题及对策研究[J]. 档案与建设,2021(2):26-31.

[25] 舒蓉,徐拥军. 我国境外企业档案管理研究述评[J]. 北京档案,2012(11):13-16.

[26] 王强,唐振华. 关于境外档案工作"以人为主"管理策略的思考——以中国石油境外档案工作现实为例[J]. 北京档案,2012(1):17-18.

[27] 刘月艳. 推动境外档案中心建设促进海外优先发展——以中国交建境外档案中心建设为例[J]. 现代国企研究,2019(8):150-151.

[28] 李向群. 港澳地区中央企业档案工作调研报告[J]. 机电兵船档案,2011(4):10-11.

[29] 陈慧,罗慧玉,王晓晓,等. 境外工程档案标准化管理规范探究[J]. 北京档案,2020(9):10-14.

[30] 梁屹峰. 创新服务手段 拓展服务领域——云南省积极探索中国企业境外建设项目档案工作管理新模式[J]. 云南档案,2010(2):23.

[31] 马超. 电网境外企业档案管理探索与实践[J]. 中国档案,2016(12):56-57.

[32] 杨琦. 对境外企业档案管理的思考[J]. 中国档案,2006(7):48-49.

[33] 苏金华,吴潇,陈珊,等. 国有企业境外机构档案管理实务探究[J]. 中国档案,2017(1):60-61.

[34] 何帅. 基于服务共享理念的企业集团境外档案管理研究[J]. 档案学研究,2014(4):34-36.

[35] 孟秀丽. 境外档案业务指导的探讨[J]. 档案管理,2011(2):92.

[36] 马凤云. 境外档案征集工作新机制探索[J]. 中国档案,2017(9):32-33.

[37] 任嘉. 境外工程企业档案资源的利用与开发[J]. 兰台内外,2018(6):69-70.